思与行

『双减』背景下的教学
实践探索与案例研究

李　梦◎主编

郑州大学出版社

图书在版编目（CIP）数据

思与行 : "双减"背景下的教学实践探索与案例研究／李梦主编. — 郑州 : 郑州大学出版社 , 2023. 10（2024.6 重印）

ISBN 978-7-5645-9796-2

Ⅰ. ①思… Ⅱ. ①李… Ⅲ. ①小学 - 教学改革 - 研究 Ⅳ. ①G622.0

中国国家版本馆 CIP 数据核字（2023）第 121900 号

思与行——"双减"背景下的教学实践探索与案例研究
SI YU XING——"SHUANGJIAN" BEIJING XIA DE JIAOXUE SHIJIAN
TANSUO YU ANLI YANJIU

策划编辑	秦熹微		封面设计	苏永生
责任编辑	王晓鸽		版式设计	苏永生
责任校对	胡倍阁		责任监制	李瑞卿

出版发行	郑州大学出版社		地　　址	郑州市大学路 40 号（450052）
出 版 人	孙保营		网　　址	http://www.zzup.cn
经　　销	全国新华书店		发行电话	0371-66966070
印　　刷	廊坊市印艺阁数字科技有限公司			
开　　本	710 mm×1 010 mm　1 / 16			
印　　张	16.25		字　　数	259 千字
版　　次	2023 年 10 月第 1 版		印　　次	2024 年 6 月第 2 次印刷

书　　号	ISBN 978-7-5645-9796-2	定　　价	68.00 元

本书如有印装质量问题,请与本社联系调换。

序言

2021年7月,中共中央办公厅、国务院办公厅印发《关于进一步减轻义务教育阶段学生作业负担和校外培训负担的意见》指出,提高作业设计质量,发挥作业诊断、巩固、学情分析等功能,将作业设计纳入教研体系,系统设计符合年龄特点和学习规律、体现素质教育导向的基础性作业;学校要充分利用资源优势,有效实施各种课后育人活动,在校内满足学生多样化学习需求;教育部门要指导学校健全教学管理规程,优化教学方式,强化教学管理,提升学生在校学习效率。

"双减"政策颁布后,如何设计作业、开展课后服务以及课堂进行提质增效,是学校教师们要着力探索与实践的。在"双减"政策指引下,北京市石景山区电厂路小学开展了近两年的探索,研究政策文本、参加培训活动、自主与合作开展"双减"研究,除了关于作业设计、课后服务和课堂提质增效的研究外,还包括了与"双减"相关的信息技术应用于教学、德育、学生指导等各方面的研究。电厂路小学教师在"双减"政策实施过程中进行的研究呈现出如下特点:第一,学校高度重视,组织教师对"双减"政策进行实践研究与成果提炼。为落实"双减"政策,学校积极组织教师开展"双减"研究,为教师提供研究资源与支持性条件,例如,鼓励教师申报与"双减"相关的课题,邀请专家给予一对一个别化指导,提升教师研究能力;组织教研组集体进行"双减"实践研究,通过团队力量拓展研究的思路、提高研究的质量;利用各种契机,为教师搭建"双减"政策实施成果展示的平台,促进教师深入研究。第二,教师积极主动,在已有研究基础上系统思考与探索"双减"实践。石景山区电厂路小学多数教师多年来一直有开展研究的思维。很多教师都作为课题负责人承担过市（区）课题，大部分教师都参与过课题研究，尤其是近几年来，学校大力推进"冬奥"课程研究，教师们全员参与，除体育学科教师进行了"冬奥"主题课程开发之外，很多学科教师还进行了"冬奥"融入学科教学研究，在已有研究知识与经验基础上，对"双减"政策实施研究也充满信心。在"双减"政策引领下，确立"双减"研究主题，厘清研究思路和方法，进行"双减"主题课例、案例探索，通过反复打磨课例，集体听评课，互动交流，反馈调整，逐渐形成"双减"实施策略、模式，在此基础上进行"双减"研究成果的提炼。第三，任务驱动研究，在展示任务中逐渐清晰"双减"主题研究思路，形成策略方法。在学校领导积极组织和区域研修部门支持下，学校承办多场区级"双减"主题展示活动，在展示活动任务驱动下，教师在活动之前的一段时间里，投入大量时间、精力，系统开展研究，反复打磨课堂教学案例，或者作业设计、课后服务案例，并在区级展示活动过程中获得专家指导。第四，成果意识较强，干部教师愿意付出努力进行"双减"主题研究成果的提炼。教师在整理与分析资料基础上，通过反思、归纳构建"双减"主题研究框架，进行"双减"主题研究论文的撰写，然后，一次次进行研讨与修改，最终定稿形成研究成果。

实施"双减"政策，需要教师有一个初步认识、实践研究、打磨案例、反思调整、深入理解、形成模式或策略的过程，而研究成果的提炼过程也使得教师对于实践过程有了更加清晰的认识，也是一个回顾、反思、总结的过程，石景山区电厂路小学教师们的"双减"主题研究正是经历了这样一个过程。在真实的实践研究基础上，教师们将自己的探索、思考、总结等进行阐释与描述，是对研究过程与结果的梳理与归纳，也是对教师们教学实践探索的肯定，这些研究成果蕴含着教师们的艰辛、努力、探索和思考，是教师们智慧、实践与智力劳动的结晶。在此，向参与本书撰写的教师们表示深深的敬意和热烈的祝贺！

北京市石景山区电厂路小学校长　薛东

2023 年 7 月

目录

❖ **第三篇　课堂评价研究** ❖

❖ **第四篇　线上线下教学结合研究** ❖

❖ 第五篇　作业设计研究 ❖

❖ 第六篇　学生指导研究 ❖

❖ 第七篇　课后服务探索研究 ❖

❖ 第八篇　信息素养提升研究 ❖

❖ 第九篇　德育育人策略研究 ❖

第一篇　课堂提质增效研究

浅谈小学科学课中学生核心素养培养

■ 刘红军

中华人民共和国教育部制定的《义务教育科学课程标准（2022 年版）》（以下简称《标准》）的课程理念中明确提出"面向全体学生，立足素养发展"。科学课程要培养学生核心素养，学生在学习科学课程过程中，逐步形成的适应个人终身发展和社会发展所需要的正确价值观、必备品格和关键能力，是科学课程育人价值的集中体现，包括科学观念、科学思维、探究实践、态度责任等方面。

一、小学生科学核心素养

（一）公民科学素养

科学素养作为国际科学教育的重要内容，是当前科学教育改革中"普及科学"和提高科学教育质量这两大目标的基石。国外众多学者和国际学生评价组织对科学素养都有各自的理解和界定。科学素养具有以下特性：涉及内容的宽泛性、个体科学素养水平的复杂性与连续性、强调科学教育目标的平衡性。

科学素养是一个不断发展的概念，随着科学素养概念的发展，它的内涵以及界定方式都会有所变化。科学素质是公民素质的重要组成部分。公民具备基本科学素质一般指了解必要的科学技术知识，掌握基本的科学方法，树立科学思想，崇尚科学精神，并具有一定的应用它们处理实际问题、参与公共事务的能力。

科学素养一般包括对自然现象的好奇心和求知欲,运用基本的科学知识和技能认识自己和周围世界的能力,具备进行科学探究所必需的科学思维和方法,与自然界和谐相处的生活态度,等等。

(二)立足科学课堂,提升学生科学素养

小学科学课程的总目标是培养学生的核心素养。通过小学科学课程的学习,学生要了解相关的科学知识,了解科学的研究过程和方法,了解科学技术对社会和个人所产生的影响。如物质科学领域,湘科版三年级上册第三单元的《土壤》一课,让学生用放大镜观察土壤,用手摸和捻土壤,把土壤静置在水中。通过观察比较,学生知道了身边常见的土壤是由水、空气、岩石微粒、腐殖质等物质混合而成,知道了土壤有沙质土、黏质土、壤土之分;通过实验,学生知道了它们的渗水性不同;通过观察,学生发现了不同的土壤性质不太一样,因此分别适合种植不同的植物,土壤关系着生物的生存和繁殖。

小学科学的学习以探究为主。在小学科学课堂,学生通过各种实验收集数据,然后分析数据,最终得出科学结论;学生亲历提出问题、作出假设、制订计划、得出结论、表达交流、反思评价这一过程,从而获取物质科学、生命科学、地球和宇宙科学、技术与工程等领域的知识。通过实验,可以培养学生严谨、实事求是、锲而不舍的探究精神,提升学生的科学探究能力、实践能力,从而提升学生的科学素养。

(三)以科技实践活动为载体,培养学生科学素养

著名的语文教育家刘国正认为,教室的四壁不应该是水泥的隔离层,而应该是多孔的海绵,通过多种孔道使教学和学生的生活息息相通。小学科学内容来源于现实世界的活动,生活是科学的天然教育场,培养科学素养需要重视学生的经验和体验。笔者认为,培养学生科学素养应立足课堂并延伸至课外,密切结合学生的学习和生活,以科技实践活动为载体,全面提高学生的科学素养。因此,学校应当开展丰富多彩的科技实践活动,结合学生的科学知识,鼓励学生动手动脑,全面培养学生的科学素养。

二、开展小学科学素养评价

(一)小学生科学素养的评价原则

《标准》在评价建议中提出:以课程标准和学业质量标准为依据,构建素养导向的综合评价体系,发挥评价与考试的导向功能、诊断功能和教学改进功能。评价的原则是,以评价促进学生核心素养发展,以评价改进和优化教学,评价主体多元和方法多样,等等。小学阶段尤其重视过程性评价。

(二)小学科学素养评价的内容

(1)科学知识

考查学生对本《标准》规定的主要概念的掌握情况。

(2)科学探究

考查学生对科学探究方式的了解和科学探究能力。包括以科学的方式进行观察,提出问题和猜想,安排计划,能通过规范合理的方法测量和搜集证据,会分析证据,以逻辑合理的方式得出结论,能合理顺畅地表达探究结论、进行交流和讨论,等等。

(3)科学态度

考查学生进行科学学习和探究所必须具备的态度,包括兴趣、热情、间接交流与合作学习过程。

(4)科学、技术、社会与环境

考查学生对科学、技术、社会与环境相互关系的了解,以及热爱自然、热爱生命、保护环境的意识和社会责任感等。

小学科学素养评价的具体指标主要集中在以下几个方面:科学知识、科学探究、科学态度、科学技术、社会和环境。

(三)小学科学素养评价的方式

学习评价有多种不同的方式,就小学科学课而言,主要有过程性评价和学业水平考试两种。过程性评价就是指在学习过程中进行的,与学生的学习交融在一起,针对学生的学情与学习表现进行的评价活动;学业水平考试指在学习进行到一个阶段之后,针对学习的效果进行检查的评价活动。

学生、教师、家长参与评价,加强小学生良好学习习惯的培养。表1、表2是由教师自己设计的素养评价表,学生和家长可以参考使用。

表1 学生用科学素养评价表

评价要素	评价标准	评定等级
1.实验、活动情况	①有完整的实验方案、记录、结论;②操作规范,能顺利地完成实验;③实验结束后及时总结	
2.学习态度	①关心科学技术,积极主动地参与有关活动;②能持之以恒,实事求是;③不盲从,不迷信,科学地看问题、想问题;④观察全面,能重事实证据	
3.上课注意力	①踊跃发言,能倾听别人的发言;②不交头接耳,不做小动作,思想不开小差;③紧跟老师的教学思路,积极思考;④能提出与老师、同学不同的看法	
4.思维创造力	①有求异思维的习惯;②不受习惯性思维约束;③有独特构思;④积极参加科学实践活动	
5.珍爱生命	①爱护花草树木及各种动物;②保护自然环境;③珍爱各种生命,不伤害无辜;④保护地球,节约资源	
6.合作学习	①能耐心地为同学解答疑问;②主动帮助学习有困难的同学;③乐于与同学一起学习,探讨问题;④乐于与同学分享成功经验	

表2 家长用科学素养评价表

评价要素	评价标准	评定等级
1.动手能力	①经常帮家人制作简单用具;②经常拆装玩具;③常修理用具;④自己的事自己干	
2.学习态度	①关心科学技术,积极主动地参与有关活动;②能持之以恒,实事求是;③不盲从,不迷信,科学地看问题、想问题;④观察全面,能重事实证据	
3.思维创造力	①有求异思维的习惯;②不受习惯性思维约束;③有独特构思;④积极参加科学实践活动	

教师评价用表与学生用表一致。教师对学生科学素养进行评价时，应结合学生作业、作品及课堂观察进行。

三、评价的实施

（1）组织实施

评价前要充分做好宣传工作，由班主任或科学教师向学生和家长宣传良好的学习品质对促进学习的重要性，借此引起学生、家长的重视，提高评价的信度和效度。

（2）收集信息

主要以发放调查问卷形式进行，另外还可以结合实地调查、访谈、观察等形式收集信息，力争做到信息收集全面、客观。例如对"学习态度"进行评价，应在学生自评的基础上，结合家长和教师评价做出客观评价。

教师对学生进行针对性辅导，帮助学生明确改进方向，增强改进学习品质的意识，促进学生良好科学学习品质的养成。同时，教师亦可以根据学生、家长反馈的信息及时调整自己的教学方法，提高教学的针对性和实效性。

四、思考和建议

小学生科学素养评价研究必须从科学素养的内涵界定出发，以《标准》为基础，结合小学生身心发展的特点，建立适合小学生科学素养的评价体系，以保证测评框架和试题的科学性和有效性。

（一）明确评价理念

科学教育的真正目的不仅要关注学生掌握多少科学知识，也应该重视他们是否掌握与将来实际生活相关的基础知识和技能，让学生能够在实际生活中创造性地运用这些知识和技能。因此，在科学素养评价体系中，我们应该结合科学课程标准中对学生评价的要求，把"发展"定为评价的核心理念。测试的目的不在于考查学生现阶段掌握了多少知识，而应更关注对学生态度与能力的测量。

(二)创新评价内容

评价内容要根据学生的实际生活来创设情境,重点关注学生的科学探究能力。因此,在科学素养评价过程中,我们应突破评价内容从"书"中取材的局限,拓宽测评内容的情境。评价者应该考虑试题内容是否贴近生活,试题选材的理想状态应该是:内容覆盖整个日常生活,在创造性地建立知识之间关联的同时,力求使问题与学生的生活经验、社会生活实际联系起来,真正将生活情境融入科学知识和情感态度中,提高学生的探究能力,并以此引领科学教学的方向。

(三)加强背景评价

我们应该在应用的测评问卷中编制专门的背景因素测试题。学生所处的家庭和社会环境不同,学校为学生提供的学习科学的机会也是各不相同的,因此,我们不能一味地用同样的要求或评价方式对学生的成绩进行评价。在对学习成绩和学习机会进行评价的同时,要多分析学生成绩产生差异的原因。

(四)注重过程评价

坚持科学评价的"开放性"原则,设置开放式测试题,注重过程的考察。我们不仅要关注问题解决的结果,更要关注学生解决问题过程中的经历与体验,关注学生对科学的理解与思考,关注学生解决问题的方案与能力。教师不应该只追求答案的标准化和唯一性,需鼓励学生多思路、多方法、多方案地解决问题。测试题的设计要能考查学生的想象力、创造力,展示他们的个性,只有这样,学生的科学学习才会变得更加积极和有意义。

(五)稳定评价试题

建立以各学科基本概念为基础的优秀试题库,可以保证评估的稳定性。如果试题不具有稳定性,每当测量结果出现波动时,我们将无法分辨究竟是学生科学素质变化的结果还是试题变动造成的影响。稳定的试题内容,可以更好地对不同时间测试的学生成绩进行比较,分析其原因。在编制试题时应囊括一系列的基础概念,夯实学生的学科基础,引导学生在掌握一些基本概念的基础上更好地理解不断变化的科学新问题。

从小培养学生的科学素养关系到全面提升公民科学素质的全局,是一个民族科学素质和科技创新能力的基础。科学素养也是中国学生发展六大核心素养中的实践创新、科学精神的具体体现。小学科学课堂教学是基础,是基石,激励着学生继续学习、终身学习,而其中所蕴含的科学精神和终身学习的品质是学生成为合格公民和终身发展的重要保证。

因此,要提升公民的科学素养,基础教育阶段的小学科学课堂教学不应流于形式,而是要把学生的科学素养培养的点点滴滴,踏踏实实地落实在每一节课上。

提高学生的科学素养,对于学校创建文明校园,创建绿色学校,促进可持续发展都具有十分重要的意义。

核心素养下激发"能动学习"的小学音乐课堂教学策略实践探究

■李 靖

一、理论概述

(一)课题的提出

在基础教育阶段,让儿童掌握基础知识是学校教育的基本目标,但传统教学过分强调认识性目标,知识与技能是教学关注的中心,而对学生学习能力、情感、态度等方面不够重视。随着知识经济的形成与发展,"培养学生终身学习的能力和关键素养"成为21世纪教育的基点。

因此,教学策略在课堂教学中尤为重要。要改变过于重视知识传授的倾向,强调引导学生形成积极主动的学习态度。因为学习不仅是学生获得基础知识与基本技能的过程,也是学会学习和形成价值观的过程。科学的小学音乐课堂教学策略应聚焦学生的学习过程,从音乐本体出发,关注学生的实际获得,通过科学且多样的教学策略,激发学生"能动学习",发展和引导学生自主学习和运用知识的能力,从而能够灵活、自主地迁移、运用所学知识,并与真实生活相连,形成自己的理解与个人知识,运用所学知识指导生活实践。

(二)概念界定

能动学习是学生自主学习和运用知识的能力,是学生发挥自主性与主体性、高度参与学习的能力。

教学策略是实施教学过程的教学思想、方法模式、技术手段这三方面动因的简单集成,是教学思维对这三方面动因进行思维策略加工而形成的方法模式。教学策略是为实现某一教学目标而制定的、付诸教学过程实施的整体方案,包括合理组织教学过程,选择具体的教学方法和材料,制定教师与学生所遵守的教学行为程序。

(三)激发学生"能动学习"的意义和重要性

"能动性"是指对外界或内部的刺激或影响作出积极的、有选择的反应或回答。其特点是通过思维与实践的结合,主动地、自觉地、有目的地、有计划地反作用于外部世界。"能动学习"则是教师摒弃"接受式学习"中教师主导的听讲教学,催生学生自主性与主体性,激发学生高度参与学习,投入地与他人交流、表现自己。一节优质的音乐课,关键不在于形式与方法的出新,而在于教师是否具有先进的教育理念和科学而有效的教学策略,从而真正激发学生实现"能动学习"。

著名教育家陶行知先生说过:"教学艺术就在于设法引起学生的兴味,有了兴味就肯用全部的精力去做事情。"兴趣是音乐学习的"能动性",是根本动力和终身喜爱音乐的必要前提。在教学中,要根据学生身心发展规律,以丰富多彩的教学内容和生动活泼的教学形式,激发学生对音乐的兴趣,不断提高音乐素养,丰富精神生活。"能动学习"有助于学生展现自己的个性体验、音乐才能,为成长与潜能提供了更广阔和自由的空间。

二、激发"能动学习"的小学音乐课堂教学策略实践探究

(一)运用"情境创设"策略激发"能动学习"

情境教学就是促使教学过程变成一种能永远引起学生极大兴趣,激发学生向知识领域不断探索的教育方法。在音乐教育中,教师根据音乐审美教育的目标和学生的心理特征,按照音乐教学的审美规律,借助声、光、图等各种教学手段,创设真实生动的音乐情境,把学生带入与教材内容相应的氛围中,使师生的教学活动生动活泼,充满愉悦感。

教学过程中创设有效的教学情境,能够使学生的情感和兴趣始终处于

最佳状态,从而全身心地投入学习之中,确保教学活动的有效性和预见性。这种教学目的是想通过用生动形象的情境,激发学生的情趣和灵感,唤起学生的学习热情,使音乐教学从枯燥变为有趣,从呆板变得生动活泼,让学生在兴趣盎然中学习音乐。

1. 利用生活体验创设音乐情境

通过创设学生熟悉的生活情景,让学生置身于现实的生活情境之中,激发学生对音乐的学习兴趣。在教学过程中,教师如果能将歌曲中的音乐知识转化成学生能理解的生活情境,使抽象的音乐知识与现实生活知识联系起来,便能唤起学生歌唱的信心和学唱的"能动性"。

北京版小学音乐教材四年级上册第七课《山谷静悄悄》,其中以声音的强弱来表现山谷回声是本课重难点之一。笔者注意到,如果只是单纯地强调"f"和"p"这些音乐术语,学生不仅觉得枯燥,而且无法直观地体会声音的强弱。于是,笔者引导学生把教室想象成山谷,如果在山谷的一头大声喊话,那么回声应该是什么音量呢?学生马上明白,回声的音量应该小一些。通过简单的与生活相联系的情境创设,学生不仅掌握知识点更容易,而且也增加了学习的乐趣,效果不错。

2. 利用多媒体创设音乐情境

一堂课的精彩开头,往往给学生带来新颖、亲切的感觉。在欣赏北京版小学音乐教材一年级下册第六课《狮王进行曲》时,用充满激情的语调作好开场白,引导学生进入教师设计的场景。"同学们,开往森林王国的汽车马上就要出发了。"让学生们随着音乐律动进入教室,这时采用多媒体营造浓烈的森林气氛,展现在他们眼前的是美丽、神奇的大森林,许多动物在迎接他们,还有漂亮的"蝴蝶姐姐"翩翩起舞,高唱着"欢迎同学们到来"。学生们充满了好奇,被眼前的情景吸引,这时,学生学习的"能动性"被一步步激发,教师进一步引导学生听辨各种动物的叫声,并引导学生模仿动物的叫声。虽然不能亲见真实的动物,但他们能通过视频和音频感受到狮子的威武神气和大象的憨态可掬。以此可激发学生的求知欲,达到"能动学习"的目的。

根据学生的心理特征,运用现代化教学策略,精心创设教学情境,使课堂导入巧妙自然。作为听觉艺术的音乐学科,电教媒体在教学中更发挥了强大作用,低年级学生在浓厚的电教氛围中,摆脱单调的"听讲",通过听觉、视觉的生动感知来完成对音乐的理解,使自己的感受、想象、表现、创造等综合能力得到更大提高,达到素养本位的"能动学习"。

3.利用游戏创设音乐情境

小学音乐教学大纲规定:小学低年级音乐课要增设唱游内容。唱游内容包括律动、歌曲表演、音乐游戏和集体舞等。从儿童好玩、好动的特征来看,音乐游戏是唱游教学中一个重要的部分。如何运用游戏进行音乐教学是一个重要的问题,因此,必须明确音乐游戏只是音乐教学过程的一个环节、一种手段,从而使游戏恰如其分、灵活自如地运用于教学过程中。

在湘教版小学音乐教材一年级下册第六课《躲猫猫》中,可以以游戏为主激发学生学习音乐的兴趣,组织一年级的学生简单地玩《捉迷藏》的游戏,当学生产生浓厚兴趣的时候,再进行歌曲教学,学生一边唱着歌曲,一边做着"藏猫猫"的动作,"你快躲,我来捉,捉住你就跑不脱,我们大家躲猫猫,看谁机智又灵活"。学生在感受歌曲情境的同时演唱歌曲,进而进行强与弱的处理和情感演唱。这时孩子们的情绪会油然而发,激发了学唱"能动性",从而在愉快的气氛中用情地演唱。

在北京版小学音乐教材一年级下册第一课《小蜜蜂》中,通过音乐游戏《旋律藏起来了》,学生自主识读乐谱,帮助学生进一步建立音准和节奏概念,提高读谱能力。

游戏规则:藏起来的旋律放在心里唱,只张嘴、不出声。

利用游戏策略,激发学生"能动学习",在游戏教学中融洽了师生关系,提高了学生的参与度。学生成了课堂教学中的主人,每个儿童都是音乐活动的积极参与者与创造者,利用游戏,让学生成为课堂的主体。

(二)运用"互动教学"策略激发"能动学习"

课堂互动教学是在课堂情境下,发生于师生间的相互交流、对话及其相关的相互影响和相互作用的动态过程。通过这个过程,使学生学到知识和技能,体现主动学习与合作学习的极大潜力与作用。

苏联教育家苏霍姆林斯基说过:"人的心灵深处,都有一种根深蒂固的需要,这就是希望感到自己是一个发现者、研究者、探索者。"互动式教学的一个重要特征就是"参与性",它通过强调教师与学生的双向交流,充分调动双方的积极性和能动性,从而活跃课堂气氛,使那些被压抑在潜意识中的能量冲破意识阀门而释放出来,闪现出智慧的火花,实现教学共振,使双方获得最佳效益。

1. 教师和学生间的互动

音乐课堂的大部分时间和大部分内容都表现为这种互动。它主要发生在组织教学、讲解、示范、提问、评价、讨论和动作练习等教学环节之中,是音乐课堂教学实现认知功能和情感功能的基本保证。例如:

在《玩具兵进行曲》一课中,教师与学生通过律动进行互动。

教师律动,学生模仿律动①:

走步:×　　×　｜×　　×　‖

拍手:×× ××｜×× ××‖

教师律动,学生模仿律动②:

踏步:×× ×　｜×× ×　‖

拍肩:0　　×　｜0　　×　‖

由此,激发学生"能动学习",引发出学生新的、独立完成的律动组合:

学生律动:

走步:×　　×　｜×　　×　　‖

拍手:×× ×　　｜×× ×　　‖

踏步:×× ××｜×× ××‖

拍肩:0　　×　｜0　　×　　‖

在《小蜜蜂》一课中,教师与学生通过旋律编创进行互动。

(1)教师演唱第一乐句旋律,提出问题:这条旋律由哪几个唱名组成?

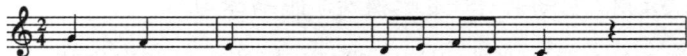

(2)教师板书"d、r、m、f、s"五个唱名,带学生指唱音程。

(3)旋律编创(用"d、r、m、f、s"五个音)

①教师演唱"s、f、m"三个音,请学生模仿编创。

提示:小蜜蜂怎么飞?(向下飞)

预设学生编创:"f、m、r;m、r、d"。教师带学生练唱音准。

②教师演唱"m、f、s、m"四个音,请学生模仿编创。

预设学生编创:"r、m、f、r;d、r、m、d"。教师带学生练唱音准。

③师生接唱。教师唱"m f s m",请学生接唱"r m f r"。先慢唱,后加快速度。

④感受旋律线。教师空手画旋律线唱,并提问:小蜜蜂怎么飞?(一会儿高一会儿低)

可见,在师生互动的教学策略中,师生有信息的传递、情感的交流,更有思维的培养,学生作为学习个体,在思维火花碰撞中生成富有灵性的发现活动,摆脱单纯的"听讲",进入积极的学习活动中,催生了学生的自主性与主体性,激发学生高度参与学习的热情。

2. 学生与学生间的互动

在北京版小学音乐教材二年级下册第五课《鸭子拌嘴》中,学生在对民族打击乐器有了最简单的了解后初听乐曲,分组讨论表演两个音乐片段"鸭群集合上路"和"鸭子潜水觅食",在教师的教学引导下开始学生与学生间的互动。

而后,学生分组表演"鸭群集合上路"——全曲力度最强的音乐片段,一个学生惟妙惟肖地扮演放鸭子的老爷爷,走在最前面,其他学生模仿鸭子走路的姿态跟在后面,他们随节奏有力地踏步前进,边走边高兴地说:"嘎!嘎!嘎!嘎!"互相拌嘴。学生分组表演"鸭子潜水觅食"——力度最弱的音乐片段,有的模仿鸭子滑动翅膀,把头慢慢潜入水中觅食,有的静悄悄地在岸上等待,有的做出了捉到小鱼时的动作,静悄悄的教室里只有划水声伴随着孩子们无声的动作。

在这个教学片段呈现中,通过"互动教学"策略,每一位学生相互合作,无拘无束地表演,几乎达到了忘我的境界。通过音乐,彼此间的体验得到了交流,良好的合作氛围在无形中营造起来了。不但使低年级学生感到欣赏音乐充满了乐趣,而且使学生对音乐的不同力度可以表现不同的情绪有了初步的理解。

可见,在生生互动的教学策略下,通过每一位学生个体与个体的互动,彼此间的体验得到了交流、共享,思想相互碰撞,撞击出创造思维的火花,学生的创作意识得到了提升。

三、小结

托尔斯泰曾经说过:"成功的教学需要的不是强制,而是激发学生的兴趣。"兴趣是带有浓厚感情色彩的心理活动,只要对某个事物有兴趣,就会激发孩子们主动学习的热情。但兴趣不是天生的,它是环境影响和教育的结果。教师要善于运用合适的教学策略,引导学生进入"能动学习",才能激发孩子学习音乐的兴趣。

核心素养下激发"能动学习"的小学音乐课堂教学策略,能够让学习者灵活、自主地迁移,运用所学知识,创造自己的理解与个人认识,发展和引导学生自主学习和运用知识的能力。教学策略应为学生主动创造合适的学习条件,尽可能激发和唤醒学生的"能动学习"。

有人说,"教学策略是只船",教师不只是让学生坐在"船上",而是引导他们动脑筋,动手学习划"船",并与教师"同舟共济",向着预定的目标前进,到达希望的彼岸。在教学中,我们要不断探索与反思,因为只有这样,音乐课堂才会充满乐趣,学生才能从事超越"听讲"的积极学习活动,我们的音乐教学才会焕发出真正的光彩。

提升书法课堂效果，从"说"开始

■庞 娜

书法对于学生全面发展与核心素养提升的意义是毋庸置疑的。国家高度重视中小学生的书法教育，将书法教育纳入学生教学体系，作为北京市地方课程，成为学生综合能力素养考核评价的重要依据。在借鉴现有研究经验的基础上，结合北京市石景山区电厂路小学学生书写现状和书法教学现状，对学生进行有针对性的书法教学和训练，主要是为了调动学生积极性，引导学生踊跃发言改进课堂效果，使学生热爱书法、规范书写，传承和弘扬书法精神，提高艺术修养和文化修养。鉴于小学阶段硬笔书法教学的重要意义以及存在的现实问题，亟待以尊重硬笔书法教学规律以及小学低段学生硬笔书法学习规律为基础，以增强小学低段硬笔书法教学实效为根本目标，寻找行之有效的小学低段硬笔书法课堂教学引导学生踊跃发言的策略。

一、教有所成，兴趣为先

书法的基本功是书写，但单纯的书写容易让学生感觉枯燥乏味，对书法的学习不感兴趣，不能沉下心来潜心练习。兴趣和好奇心是学习的巨大动力。所以书法的学习应该先从兴趣的培养入手。学习兴趣对于小学阶段学生而言是尤为重要的，因而，硬笔书法教学也要在如何激活学生学习兴趣方面下功夫才能使得小学阶段硬笔书法教学事半功倍。

教师可以在关于讲解学生临摹的字上下功夫，对于具体的字进行说文解字式的讲解诠释。由于在说文解字的过程中会对具体汉字的历史进行梳理，呈现出汉字在不同时期的具体形象，而早期的汉字从直观观察来看往往像一幅幅简笔画,这就迎合了小学阶段学生以形象思维为主的认知方式,极大地增强了硬笔书法教学的趣味性。教师讲解之后,积极调动学生的学习积极性,请学生来复述讲解的过程,将学生分成几个小组,小组之间进行发言评比。对于发言好的学生给予表扬和奖励等,让学生能够真正走进书法的课堂。

还可以以动画的形式来呈现汉字的发展历程,让学生感受现代化教学设备的优势,同时也鼓励他们开口说话,以小组为单位,让他们积极讨论,表达自己的观点,分析汉字是怎么形成的,同时根据汉字的形成过程去认识汉字,了解汉字。说文解字的讲解还能够提高学生对汉字的掌握程度,让孩子们不仅学习了书法,还学习了语文知识,为语文的学习打下基础。同时,还可以用一些介绍书法大家的动漫小视频来提高学生对于写一手好字的美好憧憬等,请学生谈谈看到这么好看的字有什么样的感受,鼓励学生树立目标,坚定意志,不断朝着目标前进。

二、传之有道,内容为基

没有科学的教学内容,小学阶段硬笔书法教学就如无源之水般,失去根基。对于书法的教学内容要以学生的接受能力为基础,不仅要将书法知识系统化,还要将书法知识变成与学生年龄段相适应的内容。

可以将汉字的书写变成口诀或者顺口溜的形式,让学生读起来朗朗上口。这样让学生每学习一个汉字就要口述这个汉字的书写方法,即使学生现在还不能把字写好,但随着年龄的增长,对汉字书写方法愈加熟练,他们慢慢会把汉字写好的。这也可以让学生对汉字的基本书写方法掌握得更加牢固,同时也要提升学生的动口能力,让他们积极地发言,调动他们的学习主动性。

因而,小学阶段硬笔书法教学要进行教学内容的科学建构,既传授合理的硬笔书写技巧,又展现硬笔书法的历史沿革。既要从语文学科的角度介绍相关知识,也要从美术学科的角度对硬笔书法的艺术魅力进行多重挖掘,从而在教学内容方面实现综合学科渗透,既提高教学内容的丰富性,也从教学内容的角度增强小学阶段硬笔书法教学的饱满程度。将美的内容融入讲学过程中,让学生们边欣赏边感悟,什么是美、怎么样更美等。让学生参与教学的设计和学习中,发挥课堂的主人翁精神,做课堂的主人,变被动为主动,才能从课堂中真正收获更多的知识。同时对于小学生来说,能够在课堂上敢于发言也是对自己胆识的一个锻炼,有助于让他们变得更加乐观、积极和向上。

三、学以一技,贵在坚持

学生硬笔书法书写能力的提升需要进行良好书写习惯的积极养成,而小学阶段学生硬笔书法书写习惯的养成,需要学生、家庭、学校三方的共同努力。

学生可以在家建立硬笔书写档案,与家庭成员一起学习硬笔书法。孩子在学校里学到的书法知识要烂熟于心,这样回到家里才能够把学到的内容讲给自己的父母等家庭成员,这也是检查孩子学习情况的一个最好的方法,要求教师在学校里将每节课的学习内容让学生们通过发言的形式来复述。只有对基本的理论知识掌握得好,在书写的时候才能按照这个要求,这也是书法技能的主要方面。让孩子复述之后,回家再讲给家庭成员,就可以掌握得更好了。学校的课程设计不在多,而在精,只有掌握了理论才能更好地练习,没有理论盲目练习也是不行的。每天将完成情况及时写在家庭硬笔书写档案上,营造积极的全家总动员氛围,家长不仅要重视自己的书写,还要重视孩子的书写过程,既要鼓励也要客观评价,从而共同营造硬笔书法学习的家庭环境,以长辈的认真书写对孩子做以榜样力量的引领。而在校系统的教学过程则可以以任务模块的形式进行相关授课,开展欣赏活动,以增强各个教学活动的关联性,以引人入胜的具体任务,使小学阶段学生保持持久的学习兴趣,主动地进行书写习惯的强化。

还要注意书写的习惯培养,教育孩子要耐得住性子,写字的习惯非常重要。所以要让孩子懂得,慢是为了更快更好地书写,一定要慢慢写,才能把字写好,每一笔都有相应的笔法,只有慢下来才能体现出笔法。这样的基本要领都要让孩子在课堂上烂熟于心,这样才能真正成为指导他学习的理论。

四、生成动力，实需分享

对每一门课程的学习都需要学生有信心能够学好，如果信心没有了，那肯定学不好。同时，任何一门课程都需要学生有积极的学习动力，而硬笔书法教学也不例外，因而需要以恰当的方式使得学生具备硬笔书法学习的根本动力，而分享无疑是最符合小学阶段学生学习心理的方式，他们能够在分享的过程中，形象地感知汉字以及硬笔书法的现实功用。

可以以书写信件的形式开展相关活动。让学生做个手抄报、写个贺卡等，展示一下自己的书法作品，让学生感受学习书法的乐趣。这种自信心的培养还可以通过学生的积极发言来完成，学生只有通过在集体中的表现才能找到自己的定位，逐渐培养出自信的品格。当今时代，由于科学技术水平突飞猛进，微信、QQ、微博等媒体代替了手写，这样新颖的方式虽然给人们的交流提供了便利，但同时也使人与人之间的距离更远了。因而，组织小学阶段学生使用铅笔进行信件的书写，真正将相关信件投递，并请收信人做积极的回应，也以手写的形式进行回信，从而使得小学阶段学生了解汉字书写的温情传递作用，通过这种写信分享的过程，感知自己的硬笔书写的现实功用，从而生成努力学习硬笔书法的积极动力。

还可以将一封手写的信件以书法作品的形式呈现出来，让学生根据自己所学的书法知识对信件中的字进行点评，看看谁能找出汉字书写不规范的地方，哪些笔画写得好一些，哪些与我们学的书法知识相悖，这也能调动学生积极发言的动力。通过发言，也能看出孩子们对书法内容掌握的情况。

通过引导学生发言，学生对书法这门课程产生了浓厚的兴趣，课下也踊跃交流书法知识。长此以往，学生表达能力大大提升，也改进了书法课堂效果，使学生更加有自信。

总之，书法课堂教学不应拘泥于原有的模式，应该在教学实践中不断创新，教有所成。不仅仅是让孩子们的身体安静下来写字，更是让孩子们的思维活跃起来，顺应孩子们的天性，培养他们积极向上的品质。同时通过书法教学也让孩子们敢于表达，自主学习，锻炼孩子们的高贵品质，弘扬中华民族的传统文化。

基于传统冰雪运动文化的小学综合
实践活动的设计与实践
——以"古老滑雪文化"活动为例

■ 杨 薇

一、背景

1.学校冰雪课程

学校的办学理念为"互·动"教育,希望学生在学校生活中能够互助互爱,自信自强,积蓄充沛的成长力量。2015 年,学校结合北京冬奥会申办成功的契机,利用冬奥组委离学校较近的有利资源,以冰雪为主线,开设了冰雪课堂、冰雪社团等形式多样的实践类冰雪课程。冰雪综合实践活动是学校冰雪课程下的一门民族传统文化教育与冬奥教育相结合的、以探究考察为主的综合实践课,目的是通过对中国传统冰雪运动文化的探究,提升学生的思维能力、合作交流能力,提高学生对冰雪运动的热爱,对中国传统文化的热爱。

2.冰雪综合实践活动的育人价值

基于探究考察的综合实践活动能培养学生的理性思维,理解和掌握基本的科学原理和方法,培养学生的实证意识和严谨的求知态度,能大胆尝试,积极寻求有效的问题解决。冰雪综合实践活动涉及多门学科,通过跨学科融合,加强学科间的联系与整合,突破学科课程边界,提高学生合作交流能力和综合性解决问题的能力。

二、古老滑雪文化综合实践活动设计理论依据

古老滑雪文化综合实践活动以中国学生发展核心素养为依据,从文化底蕴和探究学习两方面进行设计。

1. 设计原则

综合性原则:突出整体育人的基本理念,加强学科间的联系与整合,突破学科课程边界,设置跨学科综合学习、主题化学习及实践活动课程,开设围绕主题的跨学科综合实践活动,以实现全科育人、全程育人、全员育人和实践育人。

探究性原则:在教师的指导下,以学生为主体,让学生自觉地、主动地探索,掌握认识和解决问题的方法和步骤,研究冰雪运动历史的属性,发现事物发展的起因和事物内部的联系,从中找出规律,形成概念,建立自己的认知模型和学习方法架构。

主体性原则:以学生的发展需求为目标,激发学生的内在需求,调动学生在课程中的主动性,通过激发动机,变被动学习为主动学习,使整个教学过程充满学生的智慧,体现学生的理解、思维、体验等内发性行为和合作、分享、倾听、操作等外发性行为。

2. 育人价值

探究阿勒泰古老滑雪历史文化,是对中国滑雪历史的追溯,这既是中国滑雪的起源地,也是世界滑雪的起源地,探寻历史,亲自感受当时的滑雪盛况,提高学生的民族自豪感;毛皮滑雪板的设计充满智慧,与现代滑雪板大相径庭,这是古老阿勒泰人在恶劣环境下不放弃的精神,是面对困境的胜利果实,是在险境中积极面对的最好见证。

总而言之,通过对古老滑雪文化的探究考察,能提高学生学习传统文化的意识,激发学生参与滑雪运动的热情,进而培养学生科学探究的精神、自我管理与合作交流的能力,提高学生的信息意识,积淀学生的人文底蕴。

三、实践活动设计

1. 活动目标

"古老滑雪文化"综合实践活动的目标为通过查阅资料、整理资料等方

式完成对世界滑雪起源地新疆阿勒泰的考察探究,了解新疆阿勒泰的环境、风俗等特点,从而学习阿勒泰人的滑雪精神;认识并设计制作毛皮滑雪板,提高合作与交流能力、动手操作能力。

2.活动过程

围绕古老滑雪文化这个主题,组织学生开展一系列的探究活动,大体分为三个阶段:准备阶段、实践阶段和展示阶段。在准备阶段,教师组织学生根据主题提出问题,形成探究主题,并分小组设计探究学习单。在实施阶段,根据学生设计的探究学习单,分小组进行自主探究,包括查阅资料、整理资料、集体交流等,在学生对主题有一定程度的了解后,组织学生进行集体探究活动,包括专家讲座、实地考察、设计制作等,进一步解决本组产生的疑问。在最后的展示阶段,各个小组相互交流学习成果和收获,教师进行总结提升,为下一次的探究提出设想。(见图1)

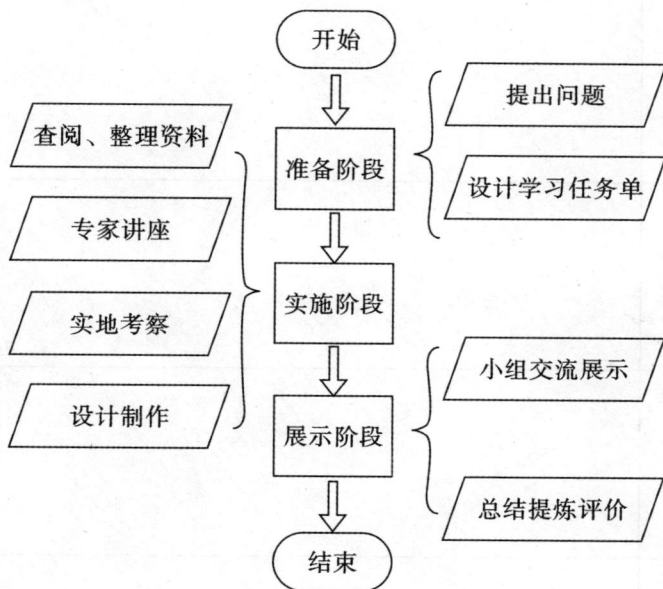

图1　"古老滑雪文化"活动设计流程图

3.活动内容

（1）准备阶段

①提出问题：教师总结上个主题活动后学生的思考，引出本次活动的方向——探究中国滑雪历史。观看教师找到的视频资料，确定主题"世界滑雪起源地——中国新疆阿勒泰"。围绕本主题，结合刚才看的宣传片，学生提出想了解的问题，对问题进行归纳总结形成探究小主题。

②探究学习单：各小组选择自己最感兴趣的探究主题，设计本组的探究学习单，包括探究内容、探究方法、小组分工等。（见表1）

表1　综合实践活动探究学习单

探究学习单	
探究主题	
探究内容	
探究方法	
探究步骤	
小组分工	

（2）实践阶段

①查阅、整理资料：分小组查阅资料是每一次探究的第一步，通过查阅资料、整理资料，对本组问题有初步的了解，在了解的基础上才能引发更多的思考和学习。

②专家讲座：新疆阿勒泰离学生所处地较远，环境和生活方式也有很大差别，所以对资料的了解需要专业人士的讲解。邀请对阿勒泰古老滑雪文化非常熟悉的专家进行更加细致的讲座，帮助学生解决疑惑。也可以让学生设计采访提纲，在讲座后对专家进行采访。

③实地考察：首钢展示中心里有一副当地人制作的毛皮滑雪板，组织学生近距离观察毛皮滑雪板，通过画、照、写等方式记录下自己的感受与收获。

④设计制作：毛皮滑雪板的智慧体现在阿勒泰人因地制宜的设计上，学生在通过对其分析理解的基础上，结合学校环境设计自己的毛皮滑雪板。

（3）展示阶段

各小组整理学习资料，设计展示方式，在课堂中进行本组学习成果汇报。教师和学生共同总结、评价本次综合实践活动过程与成果，并填写评价表。

4. 评价方式

评价包括过程性评价和成果展示评价，过程性评价通过学生自评、生生互评等方式，对学生在活动过程中的表现进行评价，占70%；成果展示评价以教师评价为主，对学生课堂成果展示的表现和实践成果进行总结性评价，占30%。（见表2）

表2　综合实践活动评价表

评价项目	自评	互评	师评	综合评价
承担任务	☆☆☆	☆☆☆	☆☆☆	☆☆☆
参与活动	☆☆☆	☆☆☆	☆☆☆	☆☆☆
与人合作	☆☆☆	☆☆☆	☆☆☆	☆☆☆
提出建议	☆☆☆	☆☆☆	☆☆☆	☆☆☆
展示表达	☆☆☆	☆☆☆	☆☆☆	☆☆☆
感悟创新	☆☆☆	☆☆☆	☆☆☆	☆☆☆

四、活动实施过程

(一)准备阶段

1. 提出问题

在探究完中国冰上最盛大的活动——冰嬉盛典后,学生对中国滑雪历史产生了兴趣,通过观看介绍世界滑雪起源地的宣传片,让学生认识了新疆阿勒泰地区,对这里有了一个初步的印象,围绕着中国新疆阿勒泰地区古老滑雪这一主题,学生进行了"头脑风暴",每个人都开拓思维,提出自己疑惑的或者想了解的问题,互相启发,激发灵感。通过归纳筛选,总结出学生们最想了解以及最有价值的四个问题:

第一,阿勒泰人是如何进行滑雪活动的?

第二,成为人类滑雪起源地应具备哪些条件?

第三,毛皮滑雪板的制作材料和制作过程分别是什么?

第四,古老岩画展示了哪些滑雪情景?

"头脑风暴"是一个发散的过程,学生能够在相互启发下多角度思考问题,锻炼思维能力;问题归纳却是一个收缩的过程,面对大量的问题,如何做出选择和决定,考验学生辩证地看待问题的能力。

2. 小组设计探究学习单

探究学习单是学生进行自主探究的重要工具,每个小组围绕一个主题进行学习单的设计,既能为下一步活动的开展提前进行有目的性的规划,避免活动过程中的无用功,也能在设计中提高学生的自我管理能力。

学习单的设计对学生来说有些难度,于是教师先给学生提供一份活动方案设计,帮助学生梳理思路。在设计单上学生需要填写本组探究的主题,思考在这个主题下需要探究的内容是什么,应该选择什么样的方法进行探究,之后把任务分解成一个个步骤,化繁为简。小组是一个整体,每个人都应该发挥自己的作用,成员可以根据所擅长的内容自主选择合适的任务,互相合作,完成小组学习。

填写完活动方案设计后,学生对本组任务更加清晰,并设计了成果学习单。以毛皮滑雪板小组为例,学生设置了三个任务:查询毛皮滑雪板的材料、制作过程,画出毛皮滑雪板的设计图,记录活动过程中遇到的困难和解决方案。

学生在填写活动方案和设计学习单的过程中,初步形成了学习意识,能够自主选择合适的学习方法,提高了学生的学习兴趣和学习能力。

（二）实施阶段

1.查阅资料

学生查阅资料主要有三种方式:查阅书籍、上网搜索和请教他人。如何能有效地查找到自己需要的资料呢? 针对这个问题,我们进行了一个简单的讨论,学生分享了自己查阅资料的经验,最终经过讨论,我们认为书籍可以选择单兆鉴老先生写的书,上网搜索时关键字可以定为"阿勒泰滑雪""人类滑雪起源地"等,请教的人选可以是从事滑雪的运动员或研究滑雪运动的专家等。（见图1、图2）

图1　小组查阅学习资料　　　图2　小组查阅网络资料

2.整理资料

整理资料是一个删减、斟酌、归纳、总结的过程,小组中每一个人都查找了大量资料,小组长先带着组员阅读这些资料,对重复的内容选择最合适的一份,对不同的内容逐一判断是否需要,内容是否恰当。最后填写完成本组学习单。

活动中的每一次探讨、学习都以学生为主体,是源于学生的需求而产生的,这样学生在学习时就具有了内驱力,学习效率更高。通过练习明白如何能自觉、有效地获取、评估、鉴别、使用信息,学生提高了信息意识。

3. 专家讲座

学生通过查阅书籍和网络,对阿勒泰古老滑雪文化有了初步的了解,了解得越多,疑惑也就越多,学生特别希望能得到专业人士的解答。学校顺应学生的请求,请来了研究阿勒泰古老滑雪的单兆鉴老先生为学生们进行讲解。在和单老先生的接触中,学生不仅享受了知识的饕餮盛宴,还被单老先生对中国滑雪历史探究的执着精神打动,纷纷表示也要学习单爷爷这种坚持不懈的精神,好好学习,做好每一件小事。(见图3、图4)

图3　学生找单兆鉴签名　　　　图4　单兆鉴讲阿勒泰古老滑雪

4. 实践考察

网络上的图片看得见、摸不着,学生想要近距离接触毛皮滑雪板,看一看它是不是与资料中一致的,于是学校组织学生来到首钢展示中心进行参观。(见图5)在这里,学生们看到了阿勒泰人亲自制作的毛皮滑雪板。毛皮滑雪板非常长,挂在墙上,

图5　学生参观首钢冬奥展示中心

给人以视觉上的冲击,仿佛看到了古阿勒泰人踩着毛皮滑雪板在雪山中飞跃驰骋的画面。顺着马毛摸,手感顺滑;逆着马毛摸,阻力增大。毛皮滑雪板的出现把资料和现实一下子联系到一起了。

5. 设计制作

学生们想把毛皮滑雪板带回家,但又买不到,就想到自己根据资料制作

一副。小组先进行了讨论,画出毛皮滑雪板的设计稿,确定适合的制作材料,对小组成员进行分工。材料准备好后开始制作,但理想与现实是有差距的,学生们遇到了些问题,首先是材料的选择,如果用纸板作为滑雪板主体的话,有些柔软,无法支撑人在滑雪板上滑行;如果用木板作为滑雪板主体的话,过于硬,前端无法弯曲,形成弧度。经过讨论,最终决定对两者进行结合,既保持了滑雪板的硬度,也让滑雪板有了一个弧度挡板。其次是滑雪板连接的技术问题,古老毛皮滑雪板选择用动物皮直接作为绳子连接毛皮和板子,现代技术中用钉子连接物品更加方便,但学生最终选择用毛线作为绳子进行连接,他们认为毛线更能体现毛皮滑雪板制作的智慧。

动手实践是最有效的学习方式之一,在操作中不仅锻炼了学生的动手能力,也提高了学生解决问题的能力。学生能依据特定情境和具体条件,选择制定出合理的解决方案。问题来源于生活,在生活中解决实际问题,是提升学生核心素养的重要方式。

（三）展示阶段

展示阶段是对这一系列活动的总结与提升。在课堂上,先带领学生回顾这段时间开展的活动,帮助学生厘清综合实践活动的步骤,明确活动目的。然后各个小组进行了形式多样的学习成果汇报,有的小组以图片为主进行讲解,有的小组把活动过程拍成了小视频,还有的小组把自己精心制作的实物展示给大家。班级内的交流展示锻炼了学生的口头表达能力、与人交流能力,得到其他人肯定时提高了自信心。

五、课程评价

古老滑雪文化主题综合实践活动结束后,师生共同总结了本次活动中的亮点和不足,并对每位学生的表现进行了评价。通过本次评价,发现学生们在与他人合作和展示交流两方面进步都很大。

1. 与他人合作更和谐

小组内成员在合作过程中更加和谐,掌握了一定的交流技巧,在分配任务时,能够服从组长的安排,积极主动配合组内工作;在遇到分歧时,能够冷静下来,每个人说出自己的想法,协调解决。

2. 展示交流更丰富

本次综合实践活动展示阶段,各小组展示交流的方式更加丰富,包括视频、照片、实物讲解等,在展示时组内每个人都能发挥自己的优势,承担起一定的任务,愿意大胆尝试,积极寻求更有效的展示方式。

基于新课改理念下的小学科学
阅读的实践研究

■李 梦

一、小学科学教学中开展阅读的背景

为有效减轻义务教育阶段学生过重作业负担和校外培训负担(简称"双减"),中共中央办公厅、国务院办公厅印发《关于进一步减轻义务教育阶段学生作业负担和校外培训负担的意见》(以下简称《意见》),《意见》明确提出提升课堂教学质量,优化教学方式,提升学生在校学习效率。"双减"政策关系到学生健康成长、全面发展,是深入推进立德树人的重大举措。

《义务教育科学课程标准(2022年版)》指出:小学科学课程体现开放性和灵活性。教学内容要满足不同学生的需求,引导学生将课内学习与课外实践和课外阅读相结合,通过多种途径开展学习,并运用科学知识力所能及地解决问题。科学是一门综合性的课程,在科学学习中,灵活和综合运用各种教学方式和策略都是十分必要的。其中,阅读就扮演着重要的角色。阅读,不受时间与空间的限制。在阅读过程中,学生能扩展视野、获得知识,丰富他们的知识储备,为科学探究能力与创新能力的培养提供充足的营养。

科学阅读有助于提升学生的科学素养。但在小学科学教学中,科学阅读缺失的现象比较普遍。很多教师在科学课上较少使用教材,大量课时安排在如何探究上,用在阅读上的时间非常有限。若阅读教学受限于课本,就可能导致学生知识储备不足,视野不开阔,也不利于调动小学生的好奇心、探索欲,满足小学生探索世界的需求。

二、小学科学教学中开展阅读的意义

阅读是获得信息的主要渠道,更是加深理解,挖掘信息价值的重要措施。不管是学习哪一个学科,阅读都是其中不可缺少的构成要素,也是教学中需要重点指导的内容。小学科学课堂教学中开展阅读活动,是小学生学习科学知识,获取科学原理,掌握科学学习记忆技巧必不可少的助力。为了帮助学生突破科学学习的重难点,提高学生的科学学习水平,教师要把阅读环节纳入科学课程体系,有针对性地对学生进行科学阅读指导,帮助学生把握科学本质。

(一)价值性

阅读有利于小学生形成科学素养,而科学阅读也是科学教学的重要组成部分,在阅读中激发学生对科学的兴趣,不断积累科学知识,提高创新能力与思维能力,形成正确的科学观。

(二)适切性

学生是教学活动的主体,教师应根据学生的特点,从学生的认知出发,充分凸显学生的主体地位,选取学生易于感兴趣的教学内容,激发学生的学习兴趣,并且结合具体的教学内容,恰当地将阅读引入科学教学中,让阅读为科学教学起到很好的辅助和推进作用,帮助学生形成良好的科学素养。

(三)应用性

在小学科学教学中融入阅读很重要。这不仅能使学生更扎实地掌握科学知识,还能让他们了解到科学、技术与社会之间的关系,以及科学的发展史。小学科学教师应结合教材阅读文本,结合学生实际特点,赋予小学科学课堂生活化与趣味化,进而巧妙地将阅读与科学课堂相结合,确保阅读的效用与价值充分发挥。

三、小学科学教学中开展阅读的策略与实践

(一)科学资料阅读,有效感知教材内容

阅读是学生获取学习信息的基础途径,但是很多的小学生并不热爱阅

读,尤其是识字量不高的学生。这些学生在阅读方面存在着极大的障碍,同时也不能够有效通过阅读进行知识的初步理解与感知,因而对教材中的内容阅读产生了抵触、畏难的消极情绪,进一步制约了学生阅读技能的发展。所以要保证科学阅读教学效果,让学生学好科学课程,先要调动学生的科学阅读兴趣,调动学生积极的学习心理。教师可以把教材当中的内容进行梳理,通过问题串的形式引发学生的阅读思考。另外,为了激发学生的阅读兴趣,教师要善于从科学教材中选取趣味性强的内容,让学生在阅读完成之后表达自己的感想与收获,让学生的阅读兴趣可以长久地保持下去。

例如,在湘科版小学科学教材六年级上册第1单元第3课《保持生态平衡》一课中,重点引导学生正确认识人与自然的关系,对学生进行生态教育。教材中介绍了一段"塞罕坝的环境变迁"案例。此活动是教材安排的正面实例,因此以阅读的形式通过问题串引发学生思考,旨在说明生态平衡一旦被破坏就很难被修复,以事实为依据,向学生展示我国建设者不懈努力修复塞罕坝的成果,以及生态修复后给人类带来的益处,使学生意识到保护生态平衡的重要性。

课堂教学中,笔者先让学生阅读这个案例,同时提出以下几个问题。①塞罕坝生态平衡是如何被破坏的? ②人们为了恢复这里的生态平衡做了哪些努力? ③恢复了生态平衡的塞罕坝带来了哪些好处? 让学生带着问题去阅读。之后笔者带领学生围绕塞罕坝的案例,一起作具体、详细的分析。最后利用塞罕坝的新闻、视频资料、图片等多种方式创设情境进行教学,以逐层递进的方式,结合问题串,使学生意识到保护生态平衡的重要性。

通过让学生阅读教材资料,培养了学生提取关键信息、科学阅读的能力。学生通过在资料中找到塞罕坝生态平衡被破坏的原因、恢复生态平衡所做的努力、恢复了生态所带来的好处,增强了学生爱护野生动植物、保护生态平衡的意识,激发了学生的社会责任感,从而激发学生的阅读兴趣。

(二)科学方案阅读,获取准确科学信息

阅读是获得有效信息最为主要的一个方法,更是当前小学阶段学生获取学习材料的主要途径,培养学生良好的科学阅读习惯,能够让学生获取更加准确丰富的信息,让科学课程的学习事半功倍。教师可以让学生在进行科学阅读中加强"代入感",将自己代入"科学阅读"的情景中去,获取准确的科学信息。科学阅读习惯的培养是循序渐进和需要持续强化的一个过程,为了帮助学生养成习惯,教师要在科学课程上安排专门的阅读环节,并将阅读教学渗透到每节课程当中,让学生真正将阅读变成一种自觉习惯。

例如,在湘科版小学科学教材六年级上册第5单元第1课《桥梁招标》一课中,学生要结合桥梁招标要求,设计并建造一座桥梁。

如果学生要像工程师那样工作,就必须明确甲方桥梁招标要求和设计方案评审要求,所以阅读《甲方桥梁招标通告》就是非常重要的环节。教学中,教师引导学生作为乙方首先要明确甲方桥梁招标的设计要求和设计方案评审要求,按照甲方的要求进行设计和施工,才能取得建造桥梁的资格。此时,学生进入乙方的角色,阅读《甲方桥梁招标通告》。首先分析甲方的设计要求:①桥面的长度和宽度要求;②桥面的高度;③桥面承载的重量;④桥梁的制作材料;⑤桥梁景观和造型要与周边环境和谐统一。接着分析设计方案的评审要求,注意在设计建造桥梁时,要考虑桥梁的安全性、经济成本、美观性等问题。通过一系列的阅读分析活动,学生能从众多信息中抓住关键信息,形成良好的阅读习惯,发展学生的系统性思维。

(三)科技史阅读,提高科学学习质量

科学课程具有一定的复杂性,有很多的资料需要学生认真阅读和分析,不仅要读通顺,还要边读边理解,真正掌握阅读材料的内容。这就考查了学生的阅读能力,只有不断提高阅读技能,才能够适应学习要求,真正掌握更多的科学知识。科学文本的阅读能够让学生对科学实验以及数据资料的分析更加得心应手,更能让学生获得大量的科学原理与概念,让学生在接下来的学习中更加地轻松自如,直至融会贯通与学以致用。教师要关注学生分析、比较等阅读能力的培养,在学生的阅读当中给予细致耐心的指导,提高学生阅读的目的性和阅读效率。

例如,在湘科版小学科学教材六年级上册第4单元第1课《地月系》一课中,学生要以"手持细绳系住小球围绕学生自身旋转"来模拟地球和月球之间的引力作用,之后结合牛顿研究万有引力的科技史实,帮助学生了解月球对地球"不离不弃"的原因,从本质上建立地月系的概念。

学生在完成模拟实验后,教师让学生阅读"牛顿发现万有引力定律"的科技史,并让学生跟随科学家的经历进行有依据、有针对性的猜想,印证并提升自己的猜想水平,查找证据,理解科学家的研究过程及结论。

学生通过整体阅读科技史,分析问题与问题之间、猜想与猜想之间内在的关联。教师引导学生随着牛顿一起分析这种关联,比较(苹果落地的力、牵引月球绕地球旋转的力)、联系(是否为同一种力)、统一猜想(是),然后再了解牛顿的研究结论。认识万有引力后,教师可以让学生用已被证实的万有引力定律回过去解释自己的模拟实验:牵引小球(月球)的"细绳"所模拟的是什么? 松开"细绳",小球怎么落地了? 以此增强理解,明确地球不需要接触物体就可以对物体施加引力,肯定模拟实验的易做易懂。

四、小学科学教学中开展阅读的实践反思

(一)课前导读,提供学生必要资料

小学科学课程中,有的内容学生不能亲身经历,不能通过实验获得,也观察不到,只能通过阅读有关的信息并结合生活经验进行组合,从而获得新的知识。教师可以课前提示学生的阅读方向,并提供资料供学生阅读,为课堂教学提供保障。

(二)课间联系,激发学生阅读动力

课与课之间都是有联系的,尤其是同一单元里的很多内容都具有关联性。教师可以寻找适合的教学内容进行针对性的指导。在前一课的教学中,未能完全解决的问题,留下疑问,让学生课后查找资料进行学习,了解如何解决,下节课进行展示分享,激发学生阅读动力。

(三)课后延伸,引领学生拓展阅读

小学科学教材中,部分课程中都设有资料库。这些资料是对课程内容的相关介绍和知识延伸,教师应当重视这些资料的运用,做好课外阅读的引导。教师可以列举出与所学内容相关的科普书籍,便于学生进行有效的课

后阅读。

　　总而言之,阅读是小学科学课程教学不可缺少的部分,有助于帮助学生正确理解科学概念,增强学生对科学本质的把握能力,奠定学生科学知识体系建构的基础。小学科学教师要让学生认识到阅读的重要价值,并在课程教学中着重对学生进行阅读能力的培养指导,激发阅读兴趣,培养阅读习惯,锻炼阅读能力,让学生在阅读感知中发展科学素养,提升综合素质。

小学英语教学渗透自然拼读法的策略研究

■ 尹丽莎

传统教学中,学生通过机械记忆的方式去识记单词,不仅记得慢,还忘得快,久而久之,学生很容易对记忆单词产生抵触情绪。Phonics(自然拼读法)可以提升学生单词识记的效率,能够切实激发学生识记单词的兴趣,让学生自主参与课堂学习中,提高学生的拼读、拼写能力,为学生以后的学习奠定良好的基础。

实践证明,在小学英语教学中,采用自然拼读法的优势是十分明显的。一方面,采用自然拼读法学习26个字母在单词里的发音规律,建立字母和字母组合的音形对应关系,可以实现见词能读、听音能写的学习能力,最终实现"会读就会写"的目标,从而高效地记忆单词。另一方面,Phonics教学法有助于培养学生的语感,促进学生听说能力的形成,长期锻炼能够促进其听说能力的发展。这样的学习方式能够让学生在快乐中学习,使枯燥的英语学习变得轻松、有趣。

一、自然拼读教学法的内涵

Phonics,也称为自然拼读法,是来源于英国等英语为母语的国家适宜儿童的学习方法,也是助力孩子英语读写能力发展的方法。同时对英语为第二语言的英语初学者学习发音规则与拼读技巧也有很大的帮助。

自然拼读法是以英语26个字母为基础,通过自然组合形成单词发音规则,让学生在潜移默化中感受字母及字母组合与发音的关系。自然拼读法是以英语44个基本音为基础,要求学生能够建立起英语基本音与字母或字母组合之间的联系。每一个音素都有其独特的发音,学习音素的发音规律后,以单词中的元音字母为中心,首先将元音字母与其后的辅音字母进行拼读,形成拼读组块,然后将元音字母前的辅音字母与该拼读组块进行拼读,最终拼读出一个完整的单词,不用看音标直接就见词能读。如单词 glad 的拼读,glad、a—d—ad、l—ad—lad、g—lad—glad,并掌握读音与拼写之间的规律,这样学生就能够根据词汇的字母组合,有效地读出词。或听到一个单词,能够根据拼读规律正确写出来。

通过系统的训练,学生能够做到看词读音,听音拼词,从而快速记忆单词。学生通过学习此法,熟悉它的基本原理,掌握了发音与拼写之间的对应关系,就可以做到见其形、知其音,听其音、知其形,学习和记忆单词就会事半功倍。

二、小学英语教学中运用自然拼读法的策略

小学生,尤其是一、二年级学生,思维方式多以具体和形象为主要特征。学生的身心发展特点决定了在教学中渗透与学习自然拼读法时,要体现简便、生动、具体与趣味,便于学生接受。为了保证学生英语语音学习的热情,获得理想的语音教学效果,教师选择合理的教学方法是关键。笔者在实践中逐渐积累了一些在小学英语教学中运用自然拼读法的策略。

(一)区分汉语拼音和英语音标

小学生在学习英语时,容易受到汉语的影响,学生在英语音标的拼读书写时容易发生混淆。自然拼读法犹如一座迁移汉语拼音规则的桥梁,可以让学生毫不费力地将汉语拼音的拼读规则迁移到英语单词的学习中来。为了让学生灵活地在英语学习的过程中应用自然拼读法,教师可以让学生明白,在通常情况下,英语中的辅音字母就相当于汉语拼音中的声母,而英语中的元音字母或元音字母组合则相当于汉语拼音中的韵母。正确的背单词的方法,应该是背元音、听辅音。一个单词中,辅音字母至少占据一半以上的字母位置。另外,在学生发音稳定的前提下,教师可以适当引导学生在不同的语境下拼读国际音标和汉语拼音,引导学生对二者的发音方式作出区

别,进而提高学生对英语词汇的自然拼读能力。

(二)借助多媒体课件学习音素拼读

英语是字母拼音文字,自然拼读是 180 个字母和字母的组合。英语单词是由不同的音素(即元音和辅音)按特定的拼读规律组合而成。教师在引导学生拼读单词时,应该遵循"由浅入深,从易到难"的原则,按照音节层次进行划分,从单音节词到多音节词,教学方法与字母的拼读类似,由独立的音节向复合音节过渡,长单词先拆分,再整体拼读,将一个个单词进行反复操练,在反复的拼读练习中慢慢体会同类单词的拼读规律与技巧,以此建立良好的语感。

自然拼读可以帮助学生记忆单词拼写。教师在组织学生运用 Phonics 开展单词识记训练的时候,需要首先训练学生掌握正确的字母及字母组合的读音,帮助学生建立字母及组合与单词之间的联系,使学生可以由读音联想到单词,增强学生的英语语音意识,掌握基本的单词识记技巧,为学生识记单词夯实基础。当前,自然拼读的多媒体课件非常丰富,多媒体课件同时使用了文字、图像、声音和动画,能够增加学习的趣味性和生动性。在基本音素拼读过程中,教师应该善于借助多媒体课件让学生学习。

(三)依托思维导图强化字母组合发音

当学生习得基本的音素后,教师应该强化记忆,此阶段可以运用思维导图。学生在掌握了字母及字母组合的读音之后,可以借助思维导图整理字母发音规律。开展读音训练是重要环节,对于学生正确地读出单词,掌握单词的读音具有至关重要的作用,例如在教授北京版教材一年级上册 Lesson 23 时,语音板块学习了 deer(鹿)、ear(耳朵)、dear(亲爱的)和 beard(胡须)的读音,在掌握了自然拼读法以后,采用记字母组合发音的规律,来记忆单词,不需要死记硬背单词的字母顺序,只需要记住辅音字母的发音,以及"ear"字母组合的发音,就能很快记住这几个词。

(四)灵活应用趣味游戏落实自然拼读能力

小学自然拼读教学过程中,教师要想引导学生真正内化语音知识,帮助学生养成举一反三的能力,拼读游戏的活动是必不可少的。结合小学生爱玩儿的性格特点,教师可以采用丰富多彩的趣味拼读活动,帮助学生形成和发展自然拼读的能力。比如教师可以组织学生开展《单词加工厂》的游戏活动。教师给出"ir"字母组合,让学生在活动过程中自由地变换前后的字母,加工成一个新词,比一比哪个小组加工的单词最多。学生乐于参与这种有挑战性的活动,他们能够写出 bird(鸟)、first(第一)、girl(女孩)、shirt(短袖)、birthday(生日)、dirty(脏的)、skirt(半身裙)等单词,在游戏中巩固并操练了字母组合。丰富有趣的拼读游戏体现着强烈的趣味性和竞争性,能够激发学生参与游戏的热情和动力,学生也能够全身心地投入游戏学习当中,从而锻炼自身的自然拼读能力,提高学习效率。

(五)利用单元话题创设语境,在语境中理解、记忆单词

美国著名语言教育家古德曼(K. Goodman)教授认为:语言是整体的,不可以被肢解教学的。因此教师不能把语音单独地割裂开来,不能够在脱离语境的情况下教学语音,而是要依托语境和语义进行,教师只有把语音、语义、语境相结合进行教学,才能使枯燥的语音教学变得生动活泼、趣味横生,其中语境的创设既可以依托课内的资源,也可以引入课外的资源。

把单词置于具体的英语情境中进行拼读练习,比如北京版教材"Point and Say"板块,在设计语音教学时,教师可以结合单元的话题和语音例词来创设语境,让学生在情境中学习,学生想到情景串联的画面就能很快记住所学单词,既高效又有趣。

据专家统计,英语中有80%的单词是符合读音规则的,如果能够掌握自然拼读法,学生就能够读出大约80%的英语单词,记忆单词就变成一件相对轻松有趣的事情,从而达到事半功倍的效果。有了这80%的单词基础,另外的20%再通过音标法记忆就轻松多了。

小学阶段的英语学习中,充分灵活运用自然拼读法可以帮助学生突破英语语音关,训练学生识记单词的方法,提升识记单词的效率,帮助学生积累更多的词汇。学生记忆的单词越来越丰富,英语成绩自然就得到了提升。

在"双减"政策下怎样提高学生写作水平

■ 杨文敏

2021年8月,《北京市关于进一步减轻义务教育阶段学生作业负担和校外培训负担的措施》提出有效减轻学生过重作业负担(统筹作业管理、加强作业设计指导、用好课余时间),提升学校课后服务水平(丰富服务内容、拓宽服务渠道),深化校外培训机构治理(严格审批准入、严控学科类培训时间、规范培训服务行为)等6个方面28项具体措施。据此措施,在"双减"政策下,学校科学制定课后服务实施方案,增强课后服务吸引力,注重提高效率质量。根据对文学的爱好,我们开展了"我是故事大王""头脑风暴""无字绘本编故事"等开创性思维创作活动,同时还根据个体差异开展科普、文体、艺术、劳动、兴趣小组等综合素质拓展活动,让学生在愉悦的活动中与写作完美地结合起来,真正做到让学生带着富有想象空间的情感"愿参与",借助已有认知的经验"能参与",通过多种感官或行为做到"真参与"。整个过程,学生获得的不单单是知识技能,更重要的是还能够让他们享受过程,获取带得走、用得上的学科素养,达到预期的效果。同时,对书面作业我们也是摒弃传统,回家向父母、朋友讲讲自己一天中所学到的有趣校内教学知识,从而使小学语文写作教学的高效性得以有效落地。

若想将小学作文写作水平在"双减"的政策下得以有效提高,我们作为教师应该对小学生所关注的话题和兴趣特点高度地重视起来。将传统小学作文课教学的模式摒弃,倡导多元素的引入,有效运用多种方法进行渗透,提倡个性化作文模式,将课堂作文教学情境完美地和课后服务活动进行融合,从而使学生参与学习写作的兴趣得以深层次激发,全面提高学生写作的效率和质量。

一、分析"双减"政策下学生的现状

小学除了期末考试之外,没有期中考试,学生的学习成绩正式进入盲盒时代。给予学生的时间更多了,他们可以自由分配自己的时间,做自己喜欢的事情。这样的话,对于认知能力强的学生,他们会合理规划自己的时间,均衡发展自己各方面的特长;对于认知能力弱的学生,他们不能合理规划自己的时间,作业量又少,不能合理规划自己的学习进程,加之课后服务开启,家长放松了作业辅导。久而久之,学生就产生了两极分化,在语文写作方面问题会更加凸显。

二、"双减"政策下教师的现状

一是对于从教多年的老教师而言,他们有多年的经验,能够很好地把握基础知识的讲解,能够很好地做到因材施教,善于巧用多种方法指导学生写作,并能做到在"双减"政策规定下进行融合,这样对一部分接受能力强的学生而言,能够很快领悟教师教学意图,而对接受能力弱的学生,凭借多年经验,教师也会在思想上及时鼓励他们,这类接受能力弱的学生也能慢慢提升自己的写作水平。

二是对于新教师而言,他们精力充沛,干劲十足,想法新颖,思想能跟得上时代潮流,和学生之间的交流没有代沟,能完美地接轨,很容易成为学生的"领航员";但新教师也会存在只注重应和,教学任务可能完成的不如有经验教师那样紧凑,虽然也能顺利完成"双减"下规定的任务,但效果各有不同。

三、"双减"政策下学生写作水平提升路径

基于以上两种现状,我们如何在"双减"政策下提高学生的写作水平呢?

(一)注重兴趣培养,养成良好写作习惯,从基础抓起

对于中年级的学生而言,不再是字词的运用,而是语言运用和写作的一个转折点,怎样才能让他们爱上这个脑力劳动呢? 在"双减"政策实行下,减轻学生负担和减轻家长负担均是十分重要的。从写作角度看,一定要循序

渐进,打好基础,应该从一年级开始,每个年级都要有不同的写作目标,以此来激发他们写作的兴趣。这里结合自身教学体会总结如下几种关于激发学生写作的"小妙招"。

第一,开展故事会,每天让一个学生讲一个故事或者说说自己生活中搞笑的事,借此来提高参与的积极性,而且可以培养学生的口才。教师把学生讲的过程用视频记录下,发给家长,教师也做好备录。周五抽取一个幸运星给其颁发感兴趣的小奖品。学期末为每一个学生刻好光盘,期末作为奖品发给家长。在这个过程中,对于表现特别优秀的学生,教师视情况给予相应的奖励。

第二,对于二年级的学生群体,相对而言识字量达到一定的程度,我们可以适当让他们写点什么。对于写什么,我们还开展讲故事,但是讲故事不像一年级那样。在"双减"政策的引领下,我们怎样开展?需要家长的配合。怎样配合法?这要考验教师的慧眼。首先挑选一些表达能力强的学生,然后做一个关于家长工作时间的调查表,加强沟通并询问是否同意抽出时间配合学校组织的活动,如果同意,需要家长悄悄地录制学生在家复述故事的场景,发给教师。教师在不经意间播放,以提高讲故事的积极性,同时教师顺势问谁能把他讲的故事用文字描述下来或者听到里面的好词写下来,哪位学生写得多就有相应的小奖品。小奖品尽量以学生感兴趣的为主,以达到博得眼球激发动力的效果。另外,在开展这个活动时也可以让家长自己录制搞笑的视频或在公园里和别人交流的视频,教师把这些视频进行编辑,在班里像放电影一样播放给学生观看。播放后,让学生说说自己认为最有趣的片段,能不能用文字把自己的想法写出来,进而就有相应的小奖励,以此引导和激发学生写作的兴趣,从而让他们爱上写作。

第三,对于中年级的学生而言,他们认知能力已经达到一定程度,可以独立写完整句子,同时教师在课上也要进行渗透各种描写方法的运用,开展一些他们感兴趣的活动。首先我们调查一下他们对什么感兴趣,投其所好,做成物品或者制作成他们想要的东西,提倡他们写日记,用他们的作品来"购买"教师准备的"商品",用最短的时间让学生们体验到知识也可作为"商品"进行交易。这样他们有了目标,有了方向,对写作便产生积极的兴趣,慢慢地就会提高写作水平。

(二)教学中有意识地渗透写作方法

在"双减"政策的引领下,我们需要对课本进行精读,刻苦钻研教材,教师要研读课标,准确把握学科性质,积极开发利用课程资源,创造性地使用教材,将作业设计作为课题来研究。

例如,当我们在讲《大青树下的学校》时,讲到上课的场景,让学生发言说说自己上课后的场景,并让他们写成一段话。而后再让学生写下课的场景,中间可以用拟人的手法写放学后的操场,就像我们听的故事《大象滑梯》去发挥想象地写,为无生命的东西赋予生命,运用灵活多变的描写手法。给学生几分钟,让他们把好的句子模拟着写到书上。当我们在学习《花的学校》时,拿出一片叶子,让学生去创作,并按写的长短排序,看谁写得又快又好。把他们的作品进行拼接,争取成为一篇优美的文章,让他们感受到丰收的喜悦。这篇文章每个人都参与了,有自豪感、优越感,让学生知道写作不是什么难事,只要积极参与进来就意味着成功了一半。

(三)依托"头脑风暴"积累写作素材

对于"头脑风暴"这个词语,很多人不理解,教学中怎么会用到它?其实,使用头脑风暴不仅可以开发智力,而且也能培养创作能力。例如:在课间教师和学生互动过程中,随机组织一个小游戏,给他们一个字抢答,第一个学生组词,第二个学生造句,第三个学生根据上一位同学说的,加一句话,接着,让最后一个学生把之前说的话写到纸上,而后把它贴到光荣榜上。借此间接性地让他们体会到写作不是那么难,就是把我们生活中的语言进行加工,收集创作,这就是写作。通过这个游戏,让学生感觉到写作是一件快乐的事,不是那么乏味,而且也能给那些不知道写什么的学生提供一个机会,让他们了解写作其实就是把生活中的事情具体化和书面化,为他们打开写作的大门。

(四)基于学情,分层指导

依据"双减"政策对作业的规定,我们要精心设计作业,灵活运用口头、书面或者社会实践作业,根据教学内容和学生的学习水平,设计难易适中的作业,可以分层设计基础题型与选做题相结合的作业。

1. 按学生特点分类

眼睛是心灵的窗口,我们在培养学生的观察力时,也应该有一双善于观察学生的眼睛。教师应该学会根据每名学生的情况进行分类,其间,每个学生可能都有自身的个性,有的善于表达,有的相对内向。在这个过程中,就要求教师通过细心的观察把他们分为四种类型,一是善于表达型,二是内向型,三是会写不会说型,四是会说不会写型。这就需要教师在作文课上让其两两结合,分成两组进行配合创作。一个说一个写,并做到在规定的时间里进行即兴写作,写好后让不会写的学生大声地朗读出来,大家一起帮助他们进行修改,让他们互帮互助,提高写作水平。

2. 按激励方式分类

对写作能力强的学生,我们鼓励多写,对中年级的学生,我们建议写300字左右。也可采取加分项,多写100字会奖励什么? 达不到要求的也可参与积分活动,积分达到一定值可以到"售卖超市"兑换理想的小礼品。我们的"售卖超市"都会根据不同层次的积分,尽量给予他们梦寐以求的所需品,用文字去换取,激发写作兴趣。

3. 按大手牵小手方式分类

对于写作能力弱或者目前没有进入状态的学生,教师一般采取一对一的服务,编成互助小组,让能力强的学生帮助能力弱的学生,让他们自己想出解决办法,并报备授课教师,让教师评估是否合理。不合理的办法不予采纳,学生需要继续斟酌,如在规定时间内完不成任务,小组评优评先就受到影响。这样做既有利于提高他们的积极性,也有利于加强团结协作精神培养,增强集体荣誉感。

(五)德育教育促写作,传递正能量

作为一名班主任,可以利用班会的时间总结一下本周发生的事,说出一件班内学生做的好人好事,让每名学生为这个做好人好事的同学写几句表扬的话,同时收集成册并展示给学生,让他们把每句话用自己的语言串联一下,形成一篇文章,最后把这些好的作品展示到光荣榜上。例如:我们的课间操又学到一个新动作，我们班的涵涵同学作为体育委员在小轩同学生病复课后，不顾休息，在烈日炎炎的天气里，一次次耐心地教小轩体育课新学的体操动作，直到她学会为止。对于这种行为，同学们怎样写几句话赞美她这种互帮互助的精神呢？

（六）"惩罚"式的写作

作为一名班主任兼语文教师，对学生写作的培养是无处不在的。中年级的学生都比较小，不知道什么是对什么是错，是非观念很弱。当同学们之间出现矛盾时，教师可以借此机会对他们进行"惩罚"，让他们用自己的语言把对方对自己做的事写下来，而且还换位思考对方对自己做这件事的目的，用文字形象地写出来，然后让双方互相大声地读出来。其实这样既解决了问题，又帮助他们提高了写作水平，班里发生矛盾的机会也相应减少了。对于写作能力偏弱的同学就相应减少了事端，减轻了班主任负担，同时也能了解其写作水平，及时给予帮助。让其慢慢有了是非观，也学会相互体谅，达到双倍的效果。

（七）"命令式"的写作

在开学初期，笔者会把本学期共有多少个周算清楚，每周列出一个写作计划，放到班里的公示栏里。在开学第一周，先指定相对几个写作能力强的学生给一个题名，第二天把作品上交给任课教师，教师经过反复修改，作品成型，让参与的学生把自己的作品大声朗诵出来，这样就可以让其他学生明白同一个题材也可以写出不同的作品，借此启发他们的发散思维能力，为他们的写作打开思路。这个活动需要全班人共同参加，密切配合，简称为"命令式"写作，但在"双减"政策要求下，我们需要在校内完成。同时也会让学生回家给自己的家长朗读自己的作品，让家长为孩子的明显进步点赞。

鉴于以上七种提高写作的小技巧，针对创作出的好作品我们是怎样处理的呢？根据实际情况，班级及时收集整理，汇编成册，借助家访时机送到学生家长手里，让学生家长真实感觉到自己孩子最近写作水平的提高和变化。同时让学生家长真正体会到"双减"政策实施后带来的变化，在今后的学习活动中能家校合作，更好地为学生创造美好未来！

提升小学生读写能力初探

■ 于艳君

读写能力是小学的教学重点,也是小学语文教学的重要组成部分,教学中必须营造宽松和谐的课堂氛围,激发学生的学习兴趣和求知欲。我们班学生从二年级学写一些简单的句子再到三年级学写一段话,可谓是"困难重重"。当笔者"束手无策"的时候,恰值学校组织读书会,借此机会,根据从书中所学习的知识,我们开始了这个快乐的旅程。

一、悦享读书　浸润心田

创新是学生必备的生存本领,是学生发展的必要条件。而任何创新都以较强的综合表现力为形式,都是建立在丰富的知识之上,都是有一定的基础知识作为背景。广泛阅读是一个好办法,但是怎样抓住学生的眼球呢?

(一)利用绘本阅读激发兴趣

笔者先从学生们喜欢看的绘本入手,激发阅读兴趣。第一次尝试和孩子们一起阅读绘本,笔者选择的是《大卫,不可以》。书中的色彩大都采用了橙色、红色、黄色一些暖色调的颜色,无形中抓住了学生的眼球。学生一边认真观察一边阅读,注意力被深深吸引,阅读的欲望也增强了。

(二)选择适合本班学生的阅读材料

在一次读书分享活动中,针对本班孩子的情况,笔者选择了《安的种子》这本书。该绘本插图采用卡通的形式,融入了中国画的传统元素。学生在享受阅读的过程中,不仅可以扩大词汇量、丰富情感,还可以潜移默化地感知传统文化的魅力。

（三）召开主题班会，保持班级图书"新鲜感"

加入读书队伍中的学生越来越多，因此我们班召开了以"悦·读"为主题的班会。经过大家的商议，我们每周轮换两位班级图书管理员，协助老师更换班级图书角的书籍并负责同学们借还书籍的工作。另外，我们共同制订本学期的阅读计划。合理利用碎片时间，早晨提前到校五分钟阅读班级图书角的书籍；每天回家与父母共读十分钟；每月的第一周对自己所读书目进行积累展示。

（四）制定评价激励前行

为了保持学生们的积极性，笔者制定了读书目标评价表，累计完成20次的学生可获得自己喜欢的图书一本。就这样，我们班的读书氛围越来越浓，甚至冒出了几只"小书虫"成立了自己的读书小组。在学校的配合、家长的支持、教师的引导下，读书活动慢慢开展起来，学生们开阔了视野，积累了知识。

二、体验互动　掌握方法

叶圣陶老先生说过："学生所写必须是他们所积蓄的，只要真是他们所积蓄，从胸中拿出来的，虽与他人所作大同小异或不谋而合，一样可取；倘若并非他们所积蓄，而从依样葫芦、临时剽窃得来的，虽属胜义精言，也要不得。"自己有体验，才能写出打动人心的文章，虽然语言简单质朴，却是另一种成长。

（一）课本剧初体验

通过读书，学生虽然有了一定知识的积累，但从书写情况来看还是有些不尽如人意。之所以会这样，笔者认为是缺少自我体验和思考的过程。为了学生们有更好的体验，笔者尝试把阅读变成一种情境式的学习。如《彩虹色的花》，我们编排成课本剧，通过多媒体设置场景变换，小组成员分别表演书中的小蚂蚁、刺猬等角色。雨过天晴，小蚂蚁要去找奶奶，可是有一个很大的水洼，他会想什么办法渡过呢？（让孩子自由想象）然后按照顺序出示文字、图片,让学生理解故事内容,是七色花摘下了自己橙色的花瓣帮助了他。蜥蜴去参加舞会,可是没有漂亮的衣服,他的心情会怎样?(模仿蜥蜴说一说)是七色花摘下了自己粉色的花瓣帮助了他。夏天到了,天气很炎热,小老鼠热得直跺脚(小朋友模仿)。这时,七色花把自己蓝色的花瓣摘了下来,送给了小老鼠,帮助他扇风纳凉。后来,七色花把自己剩下的花瓣送给刺猬用来避雨、送给小鸟做礼物……引导学生与自己的生活经验建立联系,将外在的道理内化为自己的行为,体会帮助别人的快乐心情。在活动结束后,谈一谈自己的收获,如果愿意也可以写一写、画一画。在这种愉快的氛围中,孩子们真的成长了。

（二）体验式互动先说后写

写作当然也是重方法的,于是笔者设计了一堂"不一样"的作文课。以口语交际课"谈一谈我最喜欢吃的水果"为例:还没上课,笔者就拎着一袋橘子走进教室,学生们看到了也兴趣盎然。每个学生的桌子左上角笔者都放了一个橘子。上课后,笔者问:你们喜欢吃橘子吗? 他们点点头。笔者说:今天我们就一起聊一聊"我最喜欢的水果——橘子"。有谁看到橘子是怎么来的? 有的学生回答是于老师提进来的,然后每人发了一个。那你的橘子是什么颜色的? 学生们有的回答橘黄的,有的回答绿的,好不热闹。笔者又接着追问,橘子是什么形状的? 剥开的橘子是什么样的? 它的味道如何? 学生们开始争相回答了起来,每一个回答问题的学生都要把先前出现的内容说一遍。这一遍遍的重复,加深了他们的印象。最后笔者问大家:如何向别人介绍自己喜欢吃的水果? 学生们回答得五花八门,但形状、果皮颜色、味道等特点全都在他们的答案中。下课结束前,笔者布置了一个小练笔,写写自己喜欢吃的水果。交上来后,笔者发现,学生们大部分都抓住了草莓、香蕉、西瓜各自的特点进行书写。

三、反转课堂　下笔成文

（一）发掘教材整合学习

人教版的课本是按照模块安排的,单元内容可以进行整合学习。比如部编版语文四年级上册第八单元所学习的三篇精读文章加上一篇略读文章,全都是有关民间故事和神话故事的,在单元口语交际和作文练习中的大主题全部和民间故事与神话故事有关。我们可以利用文章的内容做铺垫,学习书写神话故事或民间故事的方法和技巧。

（二）改变课堂模式

"改变课程过于注重知识传授的倾向,强调形成积极主动的学习态度,使获得基础知识与基本技能的过程,同时成为学会学习和形成正确价值观的过程。"随着活动的深入,笔者有了新的想法,即教学方法要改变。教学方法的改变也意味着课堂模式要发生一些变化。从传统的讲授式学习,转换成学生交流,进行思维碰撞的课堂模式——小组合作学习。具体过程如下。

1.抓住写作特点

同学们去过很多地方,但心中最美的风景往往是我们的家乡。同学们能够按照一定的顺序描写景物是值得夸奖的地方。你都写了家乡的哪些景点?（花坛、永定楼……）为什么描写这些景点呢?（那里景色美丽,那里很壮观……）有一位同学描写的是家乡小河的美丽景色,我们一起去看看。你觉得那里美吗?（还不错;挺美的,不过我家门前的小河也是这个样子的……）也就是说这个小作者家乡的景色确实很美,但是景色的特点没有描写出来。我们大多数同学也有这样的问题。遇到问题怎么办呢?（去书上找答案）请同学们打开语文书。我们一起看《燕子》这一课。作者介绍的是什么?（描写家乡的小动物燕子）他是怎么做的?（运用了比喻的修辞手法,这样内容具体、生动;按照顺序描写小燕子的外貌）你们说得真不错。（教师板书:描写事物有顺序　比喻句）我们再来看看一看《荷花》这一课。你们还记得吗?明明是写荷花,但作者却说自己仿佛就是一朵荷花。（那里的荷花太美了）是啊,当时作者来到荷花池旁,被美丽的荷花吸引了,写出了他的体验和感受。（教师板书:自己的体验和感受）你们还记得他是怎样写美丽的荷花的吗?（抓住荷花外形、颜色、数量的特点）（教师板书:抓住描写事物的特点）《珍珠泉》这一课就更有趣了,泉是深绿的,冒出来的水泡像一串串珍珠。（这里的泉水是变化的,有的时候清澈,有时候会变成小水泡）这正是体现了景物的变化,对吗?(教师板书:景物的变化)同学们,我们一起看一看,这些课文告诉了我们一些写作的方法。(齐读板书四个方面:描写事物有顺序 比喻句/自己的体验和感受/抓住描写事物的特点/景物的变化)

2. 结合问题修改作文

明确合作要求:①默读片段,结合图片、板书进行修改;②小组每个成员都要发表意见。请你们针对同学的作文提修改意见,结合本组同学的意见评改作文。我们选取的是三篇不同的文章,但在描写景物时都采取了不同的写法,在我们的文章里出现一处或两处即可。请同学们再次合作修改。出示合作要求:①五人一组,顺时针传递习作;②默读重点段,运用学到的方法提出建议、疑问,或直接修改。

3. 个人修改

请把手中的作文返还给作者,自己针对重点段落进行修改。

在课堂中,我们看到了针对问题,学生们各抒己见,进行思考;也看到了学生们掌握了一些写作方法后对知识的应用(批改他人的作文、修改自己的作文)……这些都是他们在教师引导下的自我思考,是他们自己交流后的反馈。学有所思,才会有所得。

读写能力的提高并非一朝一夕之功。总而言之,教学要在遵循小学生身心发展特点的基础上,采用一些生动、有趣的教学方式,充分调动起学生的学习兴趣,让他们在体验中学习,总结方法,练习写作,进而使读写水平得到提升。

第二篇　单元整体教学研究

利用单元整合教学助推小学语文深度学习的策略研究

■ 李晨迪

一、发现问题

在 2019 年学期末的一次考试中,笔者针对四年级学生的语文试卷进行了分析。在试卷中,可以看出绝大多数学生对于基础知识的掌握比较牢固,尤其是在看拼音写词语、对于相同读音的识记、对于错别字的识记、选择恰当的词语等方面,学生错误率较低。凡是要求背诵的课文、日积月累等,基本掌握,对于书本内的成语和句子都能较好地掌握(正确率情况见表 1)。

表 1　基础知识正确率

题号	1	2	3	4	5	6	7	8	9	10
得分率/%	80%	72.5%	92.5%	75%	92.5%	42.5%	80%	90%	82.5%	75%
题号	11	12	13	14	15	16	17	18	19	
得分率/%	92.5%	83%	92.5%	90%	85%	85%	80%	82.5%	82.5%	

但是,一到阅读文章进行理解方面,学生就犯难了,错误率较高(见表 2)。询问学生之后发现,原来是有些文章读不懂,读不明白,即使读明白了,还是无从下手。

表2 阅读理解正确率

题 号	20	21	22	23	24	25	26	27	28
得分率/%	67.5%	80%	42.5%	22.5%	30%	10%	55%	65%	57.5%

后来,笔者结合学生的试卷思考,发现问题如下。

第一,学生不能够在文章内容之间进行有机联系,进行知识之间的迁移,并结合运用。其中一道典型性的阅读题,最能体现这点:

例:通过阅读短文,你能为刘禹锡做一个简介吗?简介中包含对刘禹锡朝代、名人名言的介绍。

其实我们在部编版四年级上册语文第一课课后习题中已经初步学习了刘禹锡的古诗《浪淘沙》,知道了作者所处朝代以及古诗的内容。但是在这次阅读中,学生不能将试卷中的考查内容与实际所学进行有机联系,进行知识的迁移运用,错误率较高。

第二,学生阅读速度有待加强,阅读过程中不能提取关键词句解决问题。

针对学生试卷的情况,笔者做了初步思索与探究,归纳如下。

第一,学生能够较为牢固地掌握好生字、词的学习,说明我们的教学尚处在固定的教学模式中,学生所应用的认知水平主要是记忆、背诵。

第二,学生将所学习的内容与应用情境,与学生的前知识相隔离,目前的学生处在浅层学习状态,没有在阅读的基础上进行思考、概括、关联。

在初步思索与研究之后,笔者明确教法:在教学的过程中,利用单元整合教学推动学生在阅读中进行思考、概括、迁移与运用,从而进行深度学习,使学生的学习更上一层楼,但新冠肺炎疫情的到来,让笔者的课堂实践从教室里搬到了互联网上。

二、解决问题

(一)解决问题的背景

2020年新春到来之际,新型冠状病毒悄然而至。面对新冠肺炎疫情的突然来临,为阻断疫情向校园蔓延,确保师生生命安全和身体健康,教育部下发通知,要求 2020 年春季学期延期开学,学生在家不外出、不聚会、不举办和参加集中性活动。各地教育部门也尽力保障疫情防控期间中小学校"停课不停教、不停学"。北京市教委发布消息,将于 4 月 13 日开始进行"空中课堂"的学习。

孩子们虽然在课上进行"空中课堂"的学习,但是,身为一线教师的我们也要做好对于学生线下学习的沟通和指导。针对孩子们进行"空中课堂"学习的实际,笔者根据"空中课堂"的整合实际,抓住整合点,于课前制定了利用单元整合教学助推小学语文深度学习的几点研究。

(二)解决问题的研究

1. 整体预习,发现单元共同点

统编版四年级语文下册第二单元,选编了《琥珀》《飞向蓝天的恐龙》《纳米技术就在我们身边》《千年梦圆在今朝》四篇课文,四篇课文都与自然和科技有关。本单元的语文要素是"阅读时提出不懂的问题,并试着解决",基于学生四年级上册第二单元"阅读尝试从不同的角度去思考,提出自己的问题",使学生在阅读策略上进一步发展。

结合学生的年龄特点和已有的知识结构,在设计课前预习时,笔者事先设计相关的预习任务,利用"思维导图"引导学生整体读书、整体预习、绘制思维导图,在整体学习的基础上发现单元课文之间的联系,促使学生积极思考,变被动学为主动学,让语文单元整合学习更高效。

紧接着,笔者提供"单元整合学习"中预习的基本过程:

(1)看——[单元导航]

打开导语页读一读,了解本单元主题和这个单元的学习要素、重点。

(2)读——[通读课文]

①看目录,本单元由哪些课文组成,猜猜会是什么内容。

②把本单元课文《琥珀》《飞向蓝天的恐龙》《纳米技术就在我们身边》《千年梦圆在今朝》以及习作和语文园地都通读一遍。

③边读课文边标自然段,想想每自然段的意思,了解全文主要内容。

④读读课后习题,理解有困难的标出来。

⑤针对每篇课文内容提出问题。

(3)写——[自主识字]

①利用书后识字表、写字表和词语表自主学习。

②将易错的生字、词语写在思维导图上。

③对不理解的词语通过查字典解释,运用学过的方法理解词语,并写在思维导图上。

④将含有生字、词的句子多读几遍。

(4)拓展——[查阅资料]

结合文本需要,查阅整理相关资料。

(5)制作思维导图

学生通过学习,利用思维导图进行单元整合学习,通过绘制思维导图对本单元的整体学习有了初步的认识,在真正上课的过程中,学生拿着思维导图跟着"空中课堂"学习,查漏补缺,发展思维。(见图1)

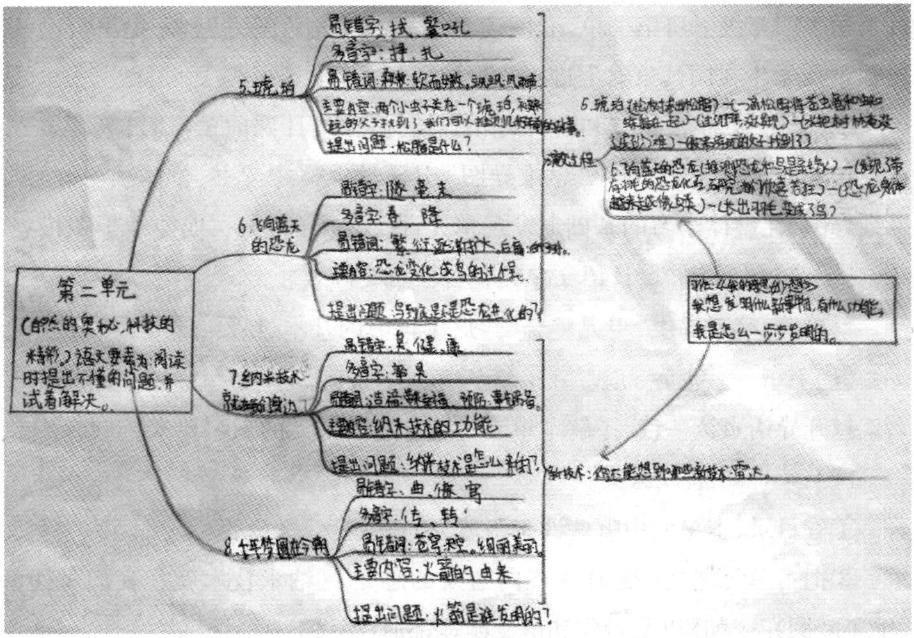

图1　学生制作的思维导图

2. 抓住共同点，完成习作

本单元利用单元整合预习，着力探究注重单元整合联系的深度学习方式。学生通过整理，发现《琥珀》与《飞向蓝天的恐龙》之间的共同点都是事物的演变过程，《纳米技术就在我们身边》与《千年梦圆在今朝》的共同点都是新技术。习作又要求我们发挥奇思妙想，那么不就是将事物的演变与新技术结合在一起完成一篇文章吗？学生通过整理之后发现了文章之间的内在联系，通过内在联系进行结合，迁移运用。同时加上教师引导学生在原有的学习内容上整合联系，主动建构，进行理解性的学习、深层次的信息加工、联系与迁移，运用已有知识解决新情境中的问题，最终通过整合学习，促进单元习作的完成。见习作《我的奇思妙想》。

我的奇思妙想

我是一名普通的小学生，从小就渴望拥有一个智能的坐骑，被我命名为卡多希。

我很爱研究恐龙的种类，所以我的坐骑是一种原始祖鸟类，毛色能够让所有鸟类羡慕，孔雀也不例外。它诞生在海洋里，因为渴望陆地进化出了四肢，因为渴望天空长出了翅膀。它会随着不同的时代与需求进行进化演变，从而适应人类的发展和社会的需要。

它能带我去宇宙，能在海水和岩浆上行走，它最智能的地方是能躲避所有障碍物，那尖锐的嘴能发出动听的鸣叫。最特别的是，它能听懂人类说话，不用去按按钮，在发生地震、火灾、泥石流或地球受到病毒侵害等危险的时候，能够迅速听到人们的呼叫，从而去救治那些受苦受难的人。

卡多希常常出现在我的梦里，就在前不久，它还和我一起救了一位遇到危险的妈妈。希望以后的科学更加发达，能够制造出一个卡多希，去拯救更多生命免受危险。

这位学生通过学习，将本单元的知识进行融合、关联，发挥奇思妙想，创作出一篇优质的文章。本单元通过整合预习与学习，使语文学习从零散走向整合，从被动接受走向主动建构，从肤浅走向深刻，引导学生学会学习、学会表达、学会思辨，学会运用知识解决学习中的问题，从而使学生达到深度学习，提升核心素养，为其长远发展奠基。

（三）整合阅读　学会迁移运用

1. 交流单元整合学习中的核心问题

"空中课堂"的教学，将四年级下册语文书中的内容进行重新组合、编排，致力于带领学生进行整合阅读与学习。结合空中课堂的学习，我们通过腾讯会议引导学生将所学知识进行有机的结合与迁移，在讲到四年级下册"作家笔下的动物"这一单元时，学生通过课前的预习，明确了单元之间所讲的内容，通过练习发现了单元内存在的联系，进行"空中课堂"学习，使学生明白了课文的内容。最终，我们通过腾讯会议进行沟通，交流在整合学习与阅读中遇到的共同问题。

学生在课前预习中提出的问题：

①写动物时可以写动物哪里？

②怎么写动物的神态、动作和语言？

结合"空中课堂"的学习，通过腾讯会议，学生针对整合学习中遇到的问题进行了简单的总结与交流：他们在《猫》《母鸡》《白鹅》这几篇课文之间发现了整合联系，并进行了迁移运用，明确在写动物时可以着重几点描写。

①描写外形或外貌：可以按照从上到下或从左到右的顺序描写，写清动物的头部（眼睛、耳朵、鼻子、嘴巴等特征）、身体（长度、毛发）、尾巴（长或短等）。

②爱好：可以是吃、玩等动物喜欢做的事情。

③性格特征：写出动物的特点如聪明伶俐、可爱、乖巧等。一定要举出事例。

在描写动物神态、动作与语言时，孩子们总结出：

要想描写好动物的神态、动作和语言（叫声），主要的就是长时间地、细致地去观察一个小动物，比如老舍写《猫》、丰子恺写《白鹅》都是进行了长时间的观察，这样通过平时的观察与日常积累，就可以很好地写出这个动物的神态、动作和叫声。

2. 归纳整合学习中学到的方法进行迁移运用

学生利用腾讯会议进行讨论，归纳出单元整合学习的知识点，并在学习中进行整合联系，迁移与运用，完成了本单元的习作。见习作《小狗》《老母龟》。

小狗

小狗的脾气确实有些古怪。

当它开心时，比谁都温柔，它会乖乖地趴在屋子里睡大觉，什么事也不过问；但当它生起气来，它会一刻不停地狂吠，任凭谁也制止不了。

它老实的时候，它会一动不动地趴着；当它决定闹一闹时，会一刻不停地拆家，气得你说不出话来。

它什么都不怕，总想斗一斗，可是它的胆儿又是那么小，别说小虫子了，有时吼一声，它都会吓得躲起来。

没满月的小狗就更好玩儿了，它们不敢走太远，却又好奇外面的世界长什么样子，想要出去探探险，实在是太可爱了。

本篇习作例文，学生仿照老舍的《猫》进行了习作练习，并在文章中针对小狗的性格进行了着重描写，在学习内容上做到了主动寻找联系与建构，学以致用。

老母龟

我家有一只老母龟，你可别小看它，它的年龄可比我还大呢！

这只老母龟很喜欢在地上爬来爬去，在这时我就会盯着它看。它长着一对圆溜溜的大眼睛和山一样的大嘴巴，还有一个巨长无比的大脖子。

它的饭量特别大，好像长着两个胃，一个用来装鱼，一个用来装虾，但是它们还能各自安好。当它看到食物时，需要等一会儿，盯住食物，然后张开大嘴，一口吃掉，仿佛要把所有的鱼虾都装进它的大肚子里。

这乌龟，脾气不好，谁要是招它，它就会张开大嘴吓吓你，不过它很听我奶奶的话，奶奶让它干什么，它就干什么，任凭奶奶摆弄。

本篇习作片段，学生抓住乌龟的外貌、吃饭时的样子以及性格进行描写，整合老舍的《猫》与丰子恺的《白鹅》之间的共同点，通过仔细观察，对乌龟的性格和吃饭时的样子进行了细致的描写。

学生通过一系列的学习，整合联系，主动建构，进行理解性的学习、深层次的信息加工、联系与迁移，运用已有知识解决新情境中的问题，明确了学习内容，提升了学习方法。

三、解决问题的效果与反思

通过疫情防控期间的学习,学生能够在整合学习中进行文章内容之间的有机联系,进行知识之间的迁移,并结合运用,能够将所学习的内容与应用情境,与学生的前知识相联系,能够将所学到的方法学以致用,从而达到了深度学习。

学习不是由教师把知识简单地传递给学生,而是由学生自己建构知识的过程,这种建构是无法由它人来代替的。探索深度学习方式,需实现被动接受知识向主动建构知识与能力的学习方式转变。语文教学要"少教多学",基于学生已有经验指导阅读策略、言语表达方法等学科核心知识,设计丰富的、结构化的语文学习活动,引导学生将所学知识应用到具体情境,尝试解决学习与生活中的问题,积淀阅读与言语经验。

四、利用单元整合教学助推小学语文深度学习的探索

学生返校上课,笔者继续进行利用单元整合教学助推小学语文深度学习的策略研究,为此,笔者结合小学语文教学单元中的人文主题与语文要素,设计了单元预习单。

预习单分为五个方面:快速默读课文、预习生字词、提出问题、内容感知、结合本单元的语文要素进行分析。学生通过单元预习单,对本单元的生字、词及学习内容有一个整体的了解,教师利用每单元第一节导读课带领学生利用学习单的学习进入本单元,使学生在前期对一整个单元拥有整体的认识。在单元学习过后,教师利用单元最后一课时带领学生整体梳理复习单元知识,让学生能够将本单元的学习内容进行整合学习,在整合学习中进行文章内容之间的有机联系,进行知识之间的迁移,并结合运用。本次研究有了初步效果,学生在平时回答问题与检测中都能够将已有的知识内容进行主动建构,整合分析与应用。

学生有所获是本次研究的主要目的,希望通过利用单元整合教学助推小学语文深度学习的策略研究使学生能够将所学到的方法学以致用,从而达到深度学习。

核心素养下的小学英语主题单元教学的实践研究

——以北京版义务教育教科书二年级英语上册第一、二单元为例

■ 张 蕊

一、英语课程标准的指引

《义务教育英语课程标准(2022 年版)》提出义务教育英语课程体现工具性和人文性的统一,具有基础性、实践性和综合性特征。要实现英语课程工具性和人文性的统一,需要教师在教学过程中通过教学活动发展学生的语言能力,培养学生的思维品质,丰富学生的生活经历,促进学生形成积极的情感态度、良好的个性品格、开放的心理和视野。工具性和人文性统一的英语课程有利于为学生的终身发展奠定基础。由此可见,学习外语不仅能获得一种交流工具,而且能促进人的全面发展。这正是核心素养提出的英语课程具有重要的育人功能。

核心素养是课程育人价值的集中体现,是学生通过课程学习逐步形成的适应个人终身发展和社会发展需要的正确价值观、必备品格和关键能力。英语课程要培养的学生核心素养包括语言能力、文化意识、思维品质和学习能力等方面。

英语课程内容由主题、语篇、语言知识、文化知识、语言技能和学习策略等要素构成。围绕这些要素,通过学习理解、应用实践、迁移创新等活动,推动学生核心素养在义务教育过程中持续发展。

二、英语学科核心素养下的小学英语主题单元教学

主题一词源于德国,原指乐曲中最能表现音乐特征的主旋律,后来被引申为文本的"立意"或者"主旨"。新课标指出,主题泛指口头与笔头表述的中心思想(theme)。主题与话题的区别在于,话题是文本内容(What is the text about?),通常可以在文中直接获得。而主题是文本的写作意图(What is the text written?),作者通常不直接说明,需要读者在阅读和理解文本的基础上进行推断和提炼。由此可知,主题是编者通过文本想要传达的中心思想,具有一定的深度和教育意义。

关于什么是单元整体教学,许多研究者都在实践和研究的基础上对其内涵进行了论述。单元整体教学就是以单元为单位,统筹考虑教学目标、教学内容、教学过程及单元作业的教学。

主题单元教学可以以整合性的输出任务作为学生实现学科核心素养四方面融合发展的落脚点。首先,这就要求教师提前对单元教学内容进行深入解读,挖掘单元主题意义,提出学生在本单元学习之后需要解决的单元大问题。其次,教师要认真分析和整理学生解决单元大问题所需要具备的语言知识和语言技能,从而有效整合单元教学内容,思考设计具有递进性的主题单元教学活动,使学生在解决问题的过程中有效地学习、整合和内化课程内容,同时也使得学生的学科核心素养在单元学习过程中得到潜移默化的提升。

三、整体制定单元教学目标,发展学生学科核心素养

笔者以北京版英语二年级上册第一单元"What day is today?"(今天星期几?)为例,经过仔细研读文本,对本单元内容进行了整体分析。本单元主要学习如何用英文表达一周七天,以及每天日常的活动,学生通过广泛学习和在情境中相互交流,能听懂他人的日常活动安排,并能简单介绍自己的活动安排。又了解到有的国家是以 Sunday(周日)为一周的第一天,我国及其他国家是以 Monday(周一)为一周的第一天,开阔了学生们的视野。本单元的主题定为"Colourful Weekday"(丰富多彩的工作日),以下是单课时主题及学完本单元学生达到的目标:

Unit 1　Colourful Weekday

单课时主题	语言知识目标	功能目标	文化知识目标
Colourful school days	能谈论今天是星期几,以及"星期几做什么"的日常活动	—What day is today? —It's Tuesday. I play ping-pong today.	1. 会看日历,能从日历中找到指定日期,知道是星期几
Colourful school days	能谈论明天是星期几,以及谈论自己的计划	—What day is tomorrow? —It's Thursday. I go swimming on Thursday.	2. 尝试安排自己的一周生活 3. 养成合理安排日常活动的意识 4. 仿照范例制作介绍自己一周活动的英文绘本
Colourful weekends	能谈论自己周末经常做的活动	—What day is today? —It's Saturday. Let's go to see your grandma.	

　　第二单元"What do you do on Sunday?"(你周日干什么?)主要学习周末的活动安排,在学习第一单元的基础上,接触更多更丰富的活动表达,体现了学习的逻辑性。单元的主题定为"Colourful Weekend"(多彩的周末),以下是笔者对本单元的整体教学的分析:

Unit 2　Colourful Weekend

单课时主题	语言知识目标	功能目标	文化知识目标
Colourful weekend	能谈论周末通常做什么	—Do you go to the park on Saturday? —Yes, I do. / No, I don't.	1. 愿意参加有益的周末活动,积极养成从事有益的周末活动的习惯
Colourful weekend	能谈论自己周末经常做的事	—What do you do on Sunday? —I go to the zoo.	
A colourful week	能谈论自己一周经常做的事	—What do you do on Saturday? —I often go to see a film.	2. 能仿照范例制作介绍自己国庆假期活动的英文手抄报
A nice holiday	能谈论自己国庆假期的活动	—What do you do on National Day? —I go to see my grandparents.	

第二单元第四课时的内容是教师补充的语篇,正值国庆和中秋双节前夕,教师以思维导图的方式介绍了自己的假期计划,与学生们一起进行学习,给学生以文字和图像支持,以便他们自己制作并介绍自己的国庆假期活动,从而体现学习这一主题的完整性和逻辑性。同时,培养学生的合理规划意识和能力。

四、设计合理多样的单元作业,提升学生英语核心素养

单元作业是单元教学过程的重要组成部分,也是主题单元教学的延伸和拓展。单元作业重点突出、形式多样,学生能够以一个主动学习者的身份在轻松、快乐的氛围下巩固知识、发展技能、培养情感和锻炼思维,从而成为全面发展的人。以北京版二年级上册第一单元和第二单元为例,设计了如下单元作业:

①学习完第一单元"What day is today?"(今天星期几?)的第一课时,教师以"Days of the week"(一周中的几天)为主题,布置了手绘报制作任务,巩固一周七天的表达。有的学生还制作了手工。

②学习完第一单元第二、三课时"星期几做什么"的表达,老师以"My week"(我的一周)为题,向学生们展示并朗读了教师一周活动的英文绘本。课后让学生们制作一本小书,介绍自己一周的活动。

立足整体开展单元教学

——以部编版义务教育教科书三年级语文上册第一单元为例

■ 李晨迪

一、案例背景

《义务教育语文课程标准(2022 版)》(以下简称《标准》)课程结构提出遵循学生身心发展规律和核心素养形成的内在逻辑,以生活为基础,以语文时间活动为主线,以学习主题为引领,以学习任务群为载体,整合学习内容、情境、方法和资源等要素,设计语文学习任务群。学习任务群的安排注重整体规划,根据学段特征,突出不同学段学生核心素养的发展需求,体现连贯性。

《标准》在发展型任务群"实用性阅读与交流"中提出:本任务群旨在引导学生在语文实践活动中,通过倾听、阅读、观察、获取、整合有价值的信息,根据具体交际情境和交流对象,清楚得体地表达,有效传递信息。同时在第二学段的学习中提到:阅读有关家庭生活、学校生活、社会生活的短文,学习用口头和书面的方式,客观地表述生活中的见闻片段,基于此,笔者尝试围绕部编版三年级语文教材上册第一单元的"校园生活"主题通过单元整合进行"双减"背景下有关教育教学的探索与实践。

二、案例描述

(一)何为单元整合

单元整合教学是根据现行教材以主题单元建构的方式编排的特点而设

计的教学模式。倡导以"组"为单位,即以教材中一个组为一个意义板块,在整合教材资源及课外资源的基础上,进行单元整体教学设计和活动。小学语文单元整合教学,就是把同一单元的几篇课文整合在一起进行学习,是以小学语文教科书中的一组教材为基本教学单位,在整合课文、口语交际、习作及课外资源的基础上,进行单元整体教学设计与活动的一种教学形式。与单篇备课、教学相比,"单元整合教学"更强调学习资源的整合与生成,着眼于语文学习的综合性、实践性。

(二)立足整体,重构单元教学

部编版教科书三年级语文上册第一单元以"学校生活"为主题,编排了《大青树下的小学》《花的学校》《不懂就要问》三篇文章,前两篇为精读课文,第三篇为略读课文,还有口语交际"我的暑假生活",习作"猜猜他是谁"和语文园地这几部分的内容。本单元为学生创设了美好而真实的生活情境,将学生的暑期生活与校内生活进行了融会贯通,让学生从真实生活出发,通过说一说"我"的暑期生活,读一读不同人的校园生活,写一写"我"身边的人,丰富学生的语文实践活动,让学生在交流中关注有新鲜感的词语,在分享中感悟校园生活,真正成为学习的主人。

在《义务教育教科书教师教学用书·语文三年级·上册》(以下简称《教师用书》)中,对于第一单元的教学要点和课时安排较为传统,先是对《大青树下的小学》《花的学校》《不懂就要问》这三篇文章的学习,接着进行口语交际、习作、语文园地的学习,学习方式仍旧是按照教材的呈现顺序。

但通过课前分析学生实际情况:学生刚刚度过暑假,步入三年级,面对新的身份,新的环境,新的教材,学生可能会有些手足无措,笔者重新调整了教学的顺序,课时安排见表1。

表 1　笔者重新调整后的教学顺序

分类	内容	课时	教学要点
口语交际	我的暑假生活	1	1.能选择自己暑假生活中的新鲜事,把经历讲清楚 2.能选择别人可能感兴趣的内容讲述,讲的时候能借助图片或实物
课文	单元导读课	1	通过交流,初步了解本单元的学习内容
	《大青树下的小学》	2	1.认识 25 个生字,读准 3 个多音字,会写 26 个字,会写 34 个词语 2.正确、流利地朗读课文,能边读边想象画面 3.通过对比《大青树下的小学》《花的学校》和"我"的学校之间的异同,发现不同学校之间的特点。在学习的过程中能关注有新鲜感的词句并与同学交流,借鉴课文的表达仿说或仿写 4.默读课文《不懂就要问》,对比不同学生之间的学习方式,能初步了解略读课文的基本学习要求,了解课文的主要内容,说出自己的看法
	《花的学校》	2	
	《不懂就要问》	1～2	
习作	猜猜他是谁	2	1.能选择一两点印象深刻的地方,写几句话或一段话介绍自己的同学 2.能注意写一段话时开头空两格
语文园地	交流平台	2	1.能交流在课内外阅读中遇到的有新鲜感的词句,知道要主动积累这样的词句(在课文教学中渗透) 2.能说出"摇头晃脑、面红耳赤"等成语的特点 3.能根据语义表达的需要,读出恰当的重音 4.能根据兴趣小组的特点,使用有个性的词语为其取名 5.朗读、背诵古诗《所见》
	词句段运用		
	日积月累		
合计		11～12	

（三）单元整合教学方式的开展

在教学时，先从学生身边的真实生活情境出发，首先展开"我的暑假记忆"主题活动，通过各种照片、视频，唤起他们的暑假记忆，让学生将暑期生活说清楚、说明白，循序渐进地带领学生走进三年级的教学。

比如，有一位学生在分享自己暑期生活时为我们呈现了他在田间地头、公园广场等不同场景的图片，通过这些图片向我们展开了他在暑期中收获到的劳动果实、学习到的生活技能等。教师在教学时从贴近学生生活的角度出发，唤起学生的暑期回忆，同时学生通过自己的表达，分享自己的生活见闻，所想所感，更能增强学生的自信心。通过此次分享，教师能很好地开展教学，同时学生也能更快地进入三年级的学习。

接着笔者以"我的校园与众不同"为主题，带领学生走进三篇课文。在教学课文的过程中，仍不脱离真实情境，教师引导学生通过对比大青树下的小学与"我"的学校之间的异同，使学生在对比的过程中，发现大青树下的小学的特别之处。通过交流特别之处，引导学生关注有新鲜感的词语和句子，在对比发现大青树下的小学的特别之处的同时，也说了我们学校的特点，我们在学校里都做什么。通过交流身边熟悉的事物，使学生学会表达，喜欢表达。接着进入第二课《花的学校》，通过前一课的学习，学生初步掌握了比较的思维方法，能够有理有据地表达自己的观点，那么这节课，笔者直接板书出示大青树下的小学、我的学校、花的学校这三所学校，学生瞬间明白要比较三所学校。通过对比，学生发现隐藏在它们之间的异同点，例如：前两所学校的主人公都是真实的人，而花的学校的主人公变成了花朵，但是它们却被当作人来写，学生在对比的过程中不仅观察周围世界，表达了自己的所见所想，而且发挥想象，拓展思维，通过整合两篇文章，使学生初步学会迁移运用知识，理解了课文大意。

在教学《不懂就要问》时，笔者抓住了交流平台中给兴趣小组起名这个环节，首先带领学生走近学生时期的孙中山，聚焦人物，发表自己对于人物的见解。再通过召开孙中山人物介绍会的形式，让每个小组给自己起一个新鲜的、响亮的名字。记者会后，学生们根据自己的小组名，继续开展有关活动,并进行《所见》诵读比赛。学生在活动中感受语文学习的乐趣。

最后,笔者以"看看身边的你我他"为主题,设计习作。校园中不仅有美丽的环境,还有可爱的同学,一个暑假过后,身边的同学有什么不同吗? 开学这几天的相处,你又发现了他的哪些变化呢? 通过开展"猜猜他是谁"的活动,通过猜外貌、猜性格、猜爱好,设计闯关游戏,绘制"猜猜他是谁"人物思维导图,学习用课文中的有新鲜感的词语和词句段中的部分词语,用简单的话说说小伙伴,用简单的文字写写小伙伴。

本单元的学习都与校园的生活密切相关,课文语言文字优美,所以学生学习起来也更加熟悉,教学活动开展更加顺利。

（四）单元整合教学实施效果

本单元通过重构单元教学,从贴近学生的角度出发,创设真实情境,唤醒学生内心的真实感受,使师生能够很好地进行情感互动,激发起学生的学习欲望,同学之间能够更好地交流自己的想法和观点,学习起来更得心应手。

三、案例反思

通过本次单元整合教学,从单元整体视角出发,创造性地整合单元教学内容,探索新型的单元教学新模式,将碎片化的知识整合联系,使学生能够在整合学习中,对文章内容进行有机联系,进行知识之间的迁移,并结合运用,能够将所学习的内容与真实情境,与学生的前知识相联系,能够将所学到的方法学以致用,学生有所得。

"双减"政策下,课堂教学质量尤为重要,如何让学生学进去,学明白,学会用更加重要。在教学中,教师更应该树立"以人为本"的教学理念,增强课堂的真实性、趣味性、灵活性,所以本单元从学生生活出发,激发学生的主观能动性,学生通过倾听、阅读、整合有价值的信息,能够学以致用,就达到了单元整合的真正目的。

第三篇　课堂评价研究

基于"教学评一体化"的小学生习作教学

■ 刘士荣

一、问题的提出

2022 年 4 月 21 日，义务教育新课标正式颁布，可以说新课标是当前课堂教学改革的综合提炼，对于做深度学习项目的"教学评一体化"来说是教学的必备。以学业质量标准为核心来落实"教学评"一体化是基于新课标的学校教学改革的重点。如何构建高质量的小学语文写作课堂，正确开展"教学评一体化"的小学习作教学，成为教师当前关注的重点。

"教学评一体化"具体是指教学目标的设定、教学策略的采用以及教学成果的反馈评价三者之间的和谐、统一发展的过程。其中，教学目标的设定是教学活动开展以及教学评价实施的基础和前提。而教学目标设定之后教学策略的采用和实施，以及教学评价对教学成果的反馈都是推进课堂教学活动进展的有利因素，三者之间是相辅相成、相互促进的。实施"教学评一体化"教学是实现学生学习、教师教学以及学习成果评价三者和谐发展的有效方式，在构建完成教育教学机制、解决教学过程中遇到的一系列问题诸如为什么教、教什么、怎么教等方面有着显著作用。

二、"教学评一体化"习作教学的价值与意义

语文习作在小学语文教学中扮演着重要角色，发挥着积极作用，其不仅是引领学生认知发展的重要途径，更是塑造学生语文核心素养的关键所在。而通过对"教学评一体化"背景下的小学语文习作教学的实施，则可进一步

拓宽学生的认知视域,使其在教师指导、自身实践、多方评价的助力下高效、深入、充分参与语文习作,来助推其对具体习作方法的灵活驾驭,丰富习作素材的自主运用,内在思想情感的全面释放。同时,因为"教学评一体化"思想的融入,教师对习作教学的定位与认识也会发生巨大变化,不仅为其教学策略优化与变革指明了方向,而且可进一步增强习作引导的针对性与实效性。因此,教师在落实"教学评一体化"背景下的小学语文习作实践时,应以充分了解学生认知实际为参考,来加强对实现教、学、评三者衔接策略的科学途径探究。以通过对教学模式的优化,教学方式的变革,教学指导的创新,将具体习作方法指引置于纵深领域,使学生在多元驱动、深度引领下娴熟驾驭各类习作技巧,借助多种途径表达自己的思想与情感,并慢慢建立习作自信,发展习作兴趣,挖掘习作潜能,为其语文核心素养的深度塑造而奠基铺路。

"教学评一体化"的小学语文习作教学,能让教师在明确写作教学任务与方向的基础上,逐步厘清教学规划和流程,并以此对习作教学活动进行合理、巧妙设计,促进习作教学活动的顺畅、高效开展。除此之外,"教学评一体化"教育模式下的教学目标和教学评价都被赋予了全新的定义而出现新的标准。教师在教学中围绕新的标准不断改进和更新自身的教育活动流程,通过对教学过程的反思逐步促进自身专业技能和专业素养的发展,这也能反过来进一步促进教育目标更快更好地实现以及课堂反馈、评价效果的优化发展,促进学生良好、积极学习态度的形成以及习作整体教学质量的改进、优化。"教学评一体化"教学能使小学语文习作教学更加有效,更能促进学生的不断成长和发展,让教学活动流程变得更加科学、更加有效。

三、"教学评一体化"习作教学方法与途径

叶圣陶先生指出,习作水平由量变到质变,需要一个很长的过程,非一日可得,而这一过程需要反复地练习。

(一)目标明确

清晰的目标是"教学评一体化"的前提和灵魂。判断教学评是否一致的

依据就是教学、学习与评价是否都是围绕共享的目标展开的。为此,统编教材构建了一个相对科学的习作训练序列。这是部编小学语文教科书习作编排的特点之一,涵盖了想象、写人、记事、状物、应用文等。习作序列在某册排布了一个点,意味着一种开始,也意味着在今后的习作中各个年级段的教学目标和重要训练点。如:写人序列(见表1)。

表1　部编小学语文教科书中三至六年级写人写作序列

写人系列	习作题目	语文要素
三上一单元	猜猜他是谁	体会习作的乐趣
三上七单元	我有一个想法	留心生活,把自己的想法记录下来
三下二单元	看图画,写一写	把图画的内容写清楚
三下六单元	身边那些有特点的人	写一个身边的人,尝试写出他的特点
四上二单元	小小"动物园"	写一个人,注意把印象最深的地方写出来
四下七单元	我的"自画像"	学习从多个方面写出人物的特点
五上二单元	"漫画"老师	结合具体事例写出人物的特点
五下四单元	他_____了	尝试运用动作、语言、神态描写,表现人物的内心
五下五单元	形形色色的人	初步运用描写人物的基本方法,具体地表现一个人的特点
六上三单元	_____让生活更美好	写生活体验,试着表达自己的看法
六上四单元	笔尖流出的故事	发挥想象,创编生活故事
六上八单元	有你,真好	通过事情写一个人,表达出自己的情感

　　纵观序列表,如:部编教材三至六年级写人习作序列,共编排了 12 次写人,每次着力一个点,在能力目标上体现了循序渐进、逐步提升的设计思路。"他_____了"是部编教材小学五年级下册第四单元的习作内容,属于习作写人序列,这是基于三、四年级的"外貌""特点"进行描写,且为六年级的场景做铺垫。本次习作训练的重点在于多角度描写,要求在记事中把人物的表现写具体,习作上借鉴单元课文的表达方法,运用动作、语言、神态等描写,写具体人物的表现,表现出人物的内心。由此可见,明确的教学目标为

学生的学、学生的评指明了方向。

(二)精学有效

基于对教材编写意图及教学生长点的把握,"教学评一体化"理念下的作文教学,紧扣"多角度描写反映人物内心"这一核心目标,借助教材资源,运用对比策略,指导学生开展"他_____了"学习活动。

能从多个角度"把人物当时的表现写具体,反映出他的内心",单元课文已经做了很好的示范,如《青山处处埋忠骨》的第4自然段。习作指导中,首先让学生说说从这段文字中体会到毛泽东怎样的内心,接着引导学生思考:文中并没有写到一个"悲痛",从哪些地方能体会到毛泽东失去爱子的悲痛之情?并完成图示。最后总结:作者从毛泽东的动作、神态、语言等多个角度,写出他当时失去爱子的悲痛之情,我们称之为"多角度描写"。对于五年级的学生来说,"多角度"描写并不是难点,真正的难点是运用好恰当的词句,把人物与平时不寻常的动作、神态、语言等写出来,反映人物的内心。什么叫作"不寻常"的动作、神态、语言呢?以教材《军神》中描写沃克医生为例,让学生对比发现,捕捉"不寻常"。整个学习活动的设计围绕"多角度描写人物与平时不一样的表现,反映出人物的内心"这一核心目标层层深入,达到了精准教学的目的,为学生的习作实践做好铺垫。

(三)导评量表

对于学生所写的习作,教师必须以抓好评价为切入点,重新反思自身教学指导的效度与准度,同时将评价还原至写作前的"教"与"学"领域,按照以"评"引"教",以"评"引"学"的思路,来完善写作指导体系,加强对学生写作素养的塑造。而且,在写作评价中,必须紧密结合不同学生的基础、方法、能力等现状,对其开展精确且高效的评估与研判,使评价的开展既更好服务于教学开展,又更好作用于学生发展。此外,还可通过对学生评价作用的发挥,引领其在互相之间的评价彼此学习、借鉴、交流、分享,对自身写作领域的诸多缺憾逐步进行优化与改进,来拓宽评价的渠道,并将评价中发现的问题,以多元途径反馈至教学指导,对学生所写的习作开展再指导、再帮扶,来培育学生的反思意识,真正达到教、学、评三者深度融合的育人目标,以更好

发展学生的语文写作素养。(见表2)

表2 习作:"他_____了"评价标准表

评价内容	要求	修改建议
主题明确 ☆☆☆	题目补充完整,能围绕主题选材;立意正确	
结构 ☆☆☆	能用具体的事例来说明人物特点(起因、经过、结果),适当分段,安排合理	
内容具体 ☆☆☆	能从人物的语言、动作、神态等描写,展现人物的内心情感。详略得当,重点突出	
语言表达 ☆☆☆	用上恰当的修辞手法和积累的好词佳句,语句通顺、连贯	
用字标点 ☆☆☆	书写规范、无错别字、标点运用正确	

与传统习作评价相比,能动性的习作评价可以通过评价进一步激发学生习作的兴趣和继续习作的动力。在能动性评价中,为了丰富交流的广度,我们可以将"同学"由一人拓展到一个小组、一个班级;为了提升交流的深度,我们可以让评价流动起来,以评价专栏的形式呈现,在拥有众多读者的同时,也搜集了众多修改意见,借助"充分的分享"调动作者的主观能动性;在学生修改习作后,再精选部分习作配上插图在班级公开展示。从自评、互改到公开展示,逐渐深入的分享,让评价的过程充满趣味性。同时,形式的不同,充分调动了学生的主观能动性,达到了在反复修改的过程中学习习作的目的。

"教学评一体化"理念下的习作教学,能紧扣清晰的习作教学目标开展教学活动、设计评价任务,用评价任务引领学生修改习作,在自评和互改的实践中提升习作表达能力,在始于目标、实现目标、止于评价的过程中,做到了精准施教、有效教学。

四、"教学评一体化"习作教学反思与探讨

(一)有助于学生写作能力的提升

通过教师的教、学生的学、师生的评三者的深度衔接,为学生构建出系统化、完善性认知生态,势必更利于其认知潜能的开掘,写作兴趣的激发,学习自信的建立。同时,有利于学生母语的发展,有利于学生实现语言的建构与运用、思维的发展与提升、审美鉴赏与创造、文化传承与理解,让语文核心素养落地生根。

(二)有助于教学指导策略的优化

优化习作课堂教学,改变传统的习作课堂结构,能够实现课堂教学高质增效。习作"教学评一体化"把习作情境的创设、习作内容的拓展、习作思路的展开、习作支架的搭建、习作评价与修改等融为一体,引导学生能写、会写、乐写,进而提高习作教学效率。

(三)有助于学生全面发展的需要

基于语文核心素养,如何从习作训练的体系着手,开展深层次研究,研发具有使用价值、推广价值和引领价值的"教学评一体化"训练体系,是一项具有深远意义的习作课程开发工程,是用好统编教材、教好统编教材、促进学生全面发展的需要。

总之,"教学评一体化"背景下的小学语文写作教学,不仅为新时代的小学语文习作教学高质量、深层次落实指明了前进方向,铺设了广阔路径,而且可为学生在多元驱使、深度实践、创新创造中发展写作能力奠定了基础。同时,受到"教学评一体化"思想与理念的助推,以及其策略与方法的引领,新课程下的小学语文写作指导,也必然会向着多元化、丰富性、高质量视域而迈进。

基于"教学评一体化"的单元整体教学设计

——以北京版义务教育教科书四年级英语上册 Unit 5 Lesson 15 为例

■ 张 蕊

一、"教学评一体化"的内涵

《义务教育英语课程标准(2022 年版)》指出,教师要准确把握教、学、评在育人过程中的不同功能,树立"教—学—评"的整体育人观念。"教"主要体现为基于核心素养目标和内容载体而设计的教学目标和教学活动,决定育人方向和基本方式,直接影响育人效果;"学"主要体现为基于教师指导的、学生作为主体参与的系列语言实践活动,决定育人效果;"评"主要发挥监控教与学过程和效果的作用,为促教、促学提供参考和依据。要注重三者相互依存、相互影响、相互促进,发挥协同育人功能。

二、"教学评一体化"理念下的小学英语单元教学设计

在明确了"教学评一体化"理念的内涵之后,笔者以北京版小学英语四年级上册 Unit 5 Lesson 15 为例,针对"教学评一体化"理念引导下的单元教学设计进行详细阐述。

（一）单元教学内容分析

本单元的主题为"Be A Smart Shopper"（做一个聪明的购物者），该主题属于"人与自我"范畴，涉及"个人喜好，合理消费"。本单元内容围绕"Be A Smart Shopper"这一主题展开，涉及三个对话语篇。

语篇一是日常购物对话。Maomao 来到一家文具店，他想买一支笔，在售货员的帮助下他选中了一支样式看起来不错的笔。之后 Maomao 询问此款笔的颜色，经过售货员的介绍，Maomao 最终购买了一支棕色的笔。该语篇旨在引发学生思考购买文具时需要考虑到的因素。

语篇二也是日常购物对话。Guoguo 与妈妈来到一家鞋店，Guoguo 初步选择了自己喜欢的一双鞋，售货员向她介绍说这双鞋很舒服。Guoguo 提出试穿后，很满意这双鞋的舒适度。询问价格并得到回复后决定购买。语篇延申了购物这一主题内容，呈现了选购鞋子时需要考虑更多因素，比如舒适度及价格是否合理。

学生通过前两个语篇的学习，能够掌握购物时要考虑的基本因素。

语篇三还是日常购物对话。天气转凉，妈妈带 Sara 来到服装店买外套。妈妈和 Sara 关于衣服是否适合与 Sara 展开讨论，其中谈到衣服的颜色和服装搭配问题，最终决定试穿一件红色外套。该语篇有助于引导学生建立服装搭配的审美意识。

表 1 为学生需要在本单元学习的核心语言知识和技能与策略。

表1　本单元核心语言知识和技能与策略

单元主题:Be A Smart Shopper			
语篇	核心词汇	核心句式	技能与策略学习要点
1. Choose nice stationery	选购因素:kind, colour, shape, different kinds	询问对商品的喜好: —Which kind would you like? —This one looks nice.	1. 技能 (1)理解性技能:借助图片和图像,推测语篇的主题、语境及主要信息;在听、读、看的过程中有目地提取、梳理所需信息 (2)表达性技能:大声跟读、正确朗读对话;用简单的语句描述图片或事物;在教师指导下进行角色扮演 2. 策略 (1)元认知策略:在学习时集中注意力;在交流中注意倾听、积极思考 (2)认知策略:在词语与相应事物之间建立联系;在新旧语言知识之间建立联系;在语境中学习词汇与表达 (3)情感管理策略:对英语学习有兴趣,乐于参与学习活动;敢于开口,表达中不怕出错;有与同伴合作学习的愿望,乐于与他人共同完成学习任务
2. Choose comfortable shoes	鞋类词汇:shoes, slippers, sandals, boots, sneakers	购物需求用语: —Excuse me. May I look at that pair of shoes, please? —Sure. Here you are.	
3. Choose right clothes	服装类词汇:jackets, trousers, T-shirt, shorts, overcoat, cap, uniform	表达对服装的看法: —The red one will look nice on you. —It will go with my trousers.	

　　本单元的三个对话语篇从不同视角谈论选购商品,单元内各语篇与单元主题之间,以及各语篇之间相互关联,构成单个子主题,即"选购文具时要考虑商品的种类、颜色、形状等因素""选购鞋子时要考虑款式、价格、舒适度等因素"和"选购服装时要考虑款式、美观度,增强审美意识"。各语篇围绕单元主题展开,既相对独立,又相互关联。学习活动按照学习理解、应用实践和迁移创新三个层次逐步展开,循序渐进,螺旋上升。学生将零散的知识内容有意义地联系起来,构建基于主题意义的结构化知识,发展语言运用能力,形成理性的购物观念和价值判断。图 1 为"Be A Smart Shopper"单元主题内容框架图。

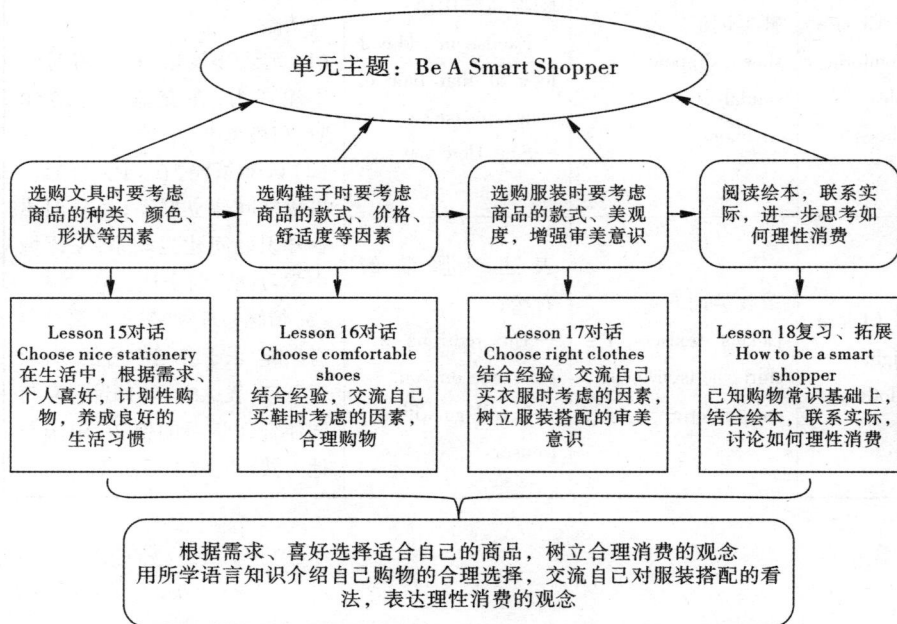

图 1　Be A Smart Shopper 单元主题内容框架图

（二）各课时语篇研读及教学目标

本单元共分为四个课时，每个课时的语篇研读都围绕"what""why""how"展开，具体过程及教学目标见图2。

图2　各课时语篇研读及教学目标

（三）围绕目标展开教学活动

课堂伊始,学生演唱以购物为主题的歌曲,感知本单元的购物主题。笔者介绍不同类型的商店,以本单元购物场景鞋店、服装店为例。根据学生的反应,笔者观察学生能否积极进入英语学习状态。

在学习理解过程中,首先,笔者引导学生在看、听、说的活动中,猜测第一组对话的背景,获取、梳理对话中 Maomao 所买文具的具体信息。笔者提出了"What kind of shop is it? Who is she? Who's coming? What is Maomao going to do?"等一系列观察图片、预测对话内容的问题。根据学生的回答,了解学生是否看懂了图片信息。接下来引导学生第一次观看对话无字幕视频,回答"What does Maomao want to buy?"。根据学生的回答,检验学生是否听懂了对话内容,并根据学生表现给予指导和反馈。学生再次观看带字幕视频,教师借助问题"What does the seller say then? Which kind does Maomao like?"帮助学生理解对话细节,感知学习核心语言。

至此,第一组对话已学习理解完。借助问题"What does Maomao want to know more about this kind of pen? If you were Maomao, what would you want to know?"进一步预测第二组对话内容,提升学生的思维品质。根据学生的回答,笔者了解学生在购物时都考虑哪些因素。观看第二组对话的动画视频,借助问题进一步获取细节信息。问题如下:"What does Maomao want to know more about this kind of pen? Which pen will Maomao buy? What do they think of the brown pen?"

在应用实践活动中, 在笔者的帮助下,学生听录音跟读、独自朗读对话,关注语音、语调、节奏等语音知识;帮助学生解决语言难点,借助语音视频示范,掌握字母 i 此时读作其本身音/ai/,拼读 kind 等词汇,借助情境理解 different kinds 的意思。笔者根据学生拼读单词、理解词汇的情况,发现问题,及时提供帮助。基于对话内容,学生进行分角色朗读或表演。活动前,呈现多维度评价的要点。笔者根据不同能力水平学生朗读对话、分角色表演对话的情况,给予指导或鼓励。

在新一轮的学习理解与应用实践活动中,学习理解 Maomao 选购清单上剩余文具时考虑的因素,在语境中运用功能句表达。笔者总结 Maomao 有购物需求以及买文具过程中考虑的因素。创设情境,引导学生认识到 Maomao 购物前 make a shopping list 的购物习惯,进而评价,体会语篇背后隐含的意义,即购物前要做充分准备,列出清单,计划性购物。笔者根据学生对情境和问题的回应与反馈,引导正确评价。笔者引导学生梳理、归纳语篇中的语言知识,运用所学语言,师生就 Maomao 清单上的第二件文具 an eraser 进行购物情景对话示范。就清单上剩余的文具 a pencil sharpener and a pencil case,应用所学语言知识,生生进行对话练习、展示。笔者引导学生把语篇中学到的语言知识和文化知识进行输出,给予指导和鼓励。

在迁移创新活动中,学生根据需要、喜好,有计划地选购文具,在真实情境中创编对话,运用所学语言向全班展示。学生同伴间进行创编对话,联系实际购物经验,在创设的真实情境中,体验购买文具的过程。鼓励学生加入自己的语言。笔者观察学生在实际生活中运用核心语言购买文具的情况,根据学生的表现给予指导和反馈。本阶段学习活动旨在帮助学生在迁移的语境中,结合实际创造性地运用所学语言,模拟购物情境。

(四)设计科学合理的课堂评价

基于"教学评"的整体育人观念。在本节课教学过程中教师设计了以下课堂评价。

1. 实物评价

结合真实生活经验,基于学生对冬奥的热爱和对冬奥特许商品的喜爱,笔者创设"文具店"情境,以不同种类的冬奥文具卡片作为奖品(课后兑换冬奥特许文具实物),鼓励学生踊跃回答问题,积极参与课堂活动,将评价与本课主题相结合。

2. 口头评价

鼓励学生多种回答和积极的课堂参与,纠正学生的语言错误或负面想法,有助于学生不断体验英语学习的进步和成功,更加全面地认识自我、发现自我,保持并提高英语学习的兴趣和自信心。

3. 学生互评

在学生展示活动中,采用生生互评的方式。一组学生表演完,其他学生会运用"I think you read loudly. But you should read black not blake.""You read clearly.""I think your voice is loud, but you should act vividly next time."等语言充分肯定同学的进步,鼓励学生自我反思、自我提高。

三、结语

"教学评一体化"将整个课堂教学活动视作统一的整体,要求教师的教、学生的学以及教学评价始终是一致的,服务于统一的、整体的教学目标,促使学生们更好地学习与成长。"教学评一体化"的恰当运用有利于提高小学英语课堂教学的有效性,促进学生核心素养的发展。

书法作业中评价语的设计策略与实施

■ 庞　娜

　　书法是中华民族的文化瑰宝,是世界文明的宝贵财富,也是小学基础教育的重要内容,对学生的语文成绩和自身文化素养的提升有着不可替代的作用。在小学的书法课程中,有效的书法作业评语能够提升学生学习书法的热情,确保书法课堂教学效果,引导学生更加积极主动地学习书法、提升文化素养。书法作业评价语更是书法教学里必不可少的重要组成部分,其所呈现的是对学生在进行书法学习时的一种客观的、综合性的考量,能够让学生意识到自己在书法学习中还有哪些不足和短板。由此,书法作业评价语必须进行科学有效的设计与实践,充分利用好评价语的作用,以学生作为学习的主体,多元化进行评价语的设计与研究,以此激发学生对书法学习的热情、养成良好的书写习惯、提升书法的学习能力和自信心。

一、评价语要讲求实用性

　　德国教育家第斯多惠曾经提出:教育的本质并不在于传授什么样的本领,而是在于激励、唤醒和鼓舞。由于小学生的身心发展特点决定了其认知还处于无意识到有意识的过渡阶段,对书法的学习缺乏明确的目的性,这就导致了大多数小学生无法通过自身的书法学习进行书写能力的提升。书法作业评价语就需要教师依照学生心理发展特点、学习规律来刺激学生的注意力,将提升书法技能的实用性作为评价语的设计前提。

　　书法教学中的作业评价环节需要教师以每次书法课程的教学目标、书法练习内容和习得的书法知识等为核心,进行以书法作业评价为载体,帮助小学生书法水平提升为目标的教学活动。比如在进行教学"相向相背的字书写"的时候,当学生书写所学的"切、北、非"等几个字时,书法教师就要对书法作业进行评价语的书写,首先就要观察其书写的字有没有掌握"相向相背字"所学的知识要点,相向时要讲究谦让,相背的时候要注意紧凑感。其次,在进行书法作业评价的时候,要注意关注其余的方面,注意采取多元类型的评价语表达方式。比如展示共评、交流作业语互评等,对学生的书法学习积极性进行激发,形成人人都是"点评老师",互帮、互助、互学的良好书法学习环境。要让学生能够根据书法评价语的内容对呈现出来的重点问题进行练习,如此以来,才能够培养良好的书法技能,掌握书法课堂所教授的内容。

二、评价语要注意艺术性

书法作业的评价语是促进小学生书写技能的提升和教师得到教学反馈进行改进教学工作的重要环节,即从书法作业的评价语能够获得的信息是对教学过程和教学效果的价值作出客观、科学的判定。教师在进行评价语的设计和实践时,要采用多样化的点评方式,而不是单一的"好"与"不好"。评价语要当作教师与学生之间沟通的桥梁,所以在评价语的设计上还要注意艺术性。

1. 评价要突出激励性

托尔斯泰曾经提出,成功的教学所需要的并不是强制性地让学习者接受某种东西,而是要激发起其兴趣。在书法的教学中,尤其是在书法评价语的内容上,要进行学生学习热情方面的考量。小学生对于自身的能力往往很容易缺乏客观正确的认知,有着较强的好胜心理,几乎每一位学生都想在评价语中得到肯定和表扬,在书写时大多数人也是以此种目的,追求正确、好看、端正等优秀写法,希望在同学和老师那里得到积极的正向反馈。但是小学生因为其知识、技能水平不足和书写练习较少,在学习书法时,无论是学习的速度、效率还是能力都显得慢速并且困难。

教师要充分理解小学生此时书写学习时的矛盾,正确对待这种矛盾。比如在进行书法作业评价时,要顺应学生的特征,突出对书法学习的激励性,既要看到学生在书法学习时的点点滴滴进步,又要在评语中积极有效地进行肯定,来满足学生的心理需求。同时在进行点评时,也不要一味地进行肯定和鼓励,要客观地指出学生的不足,对不足之处尽量用详细的不带有任何感情色彩的语言进行细致描述,不为学生贴上负面的标签。比如在进行书法作业评价时,特别肯定在书写上较好和进步速度特别快的学生,表扬书法作业中表现一般但是有特点的学生,还可以进行"每日书法优秀奖"的评选活动。如此一来,就可以对学生书写练习的热情做进一步的提升。与此同时,教师还要注意书法作业表现较差的学生情况,从书写态度、书写完成度等方面进行肯定和鼓励,帮助其改正书写不足之处,不断地向新的高度进行攀登。

2.评价要具有导向性

书法作业评价语是每节书法教学课程的完结和汇总,也是新的书法学习的开端。由此,评价要具有导向性,让书法作业评价能够为学生的下一次书法学习做好铺垫。比如在针对学生书法学习中不足之处的评价时,教师要为学生指出未来在书写学习中需要注意的地方和改进的方式方法,以及进行修正的具体原因是哪些。在对书法作业给予充分的肯定和鼓励的同时,可以随机指出几个需要练习的地方,引出新的书写任务和方法,帮助学生随后进行书法的练习。同时,教师进行书法作业评价时更要注意结合学生的书写姿势、拿笔姿势和书写态度等培养学生良好的书写习惯。

3.评价还应注意深刻性,讲究准确性和新颖性

进行书法作业评价是非常有意义的,能够及时地记录和反馈学生在书法课堂上的学习情况,以便教师能够针对学生各种情况进行反馈和调整。心理学相关研究指出,单一的练习和评价方式,必然使人产生一种厌烦的情绪。这就如同吃喜欢的水果一样,假如天天都要吃一样的水果,就算是再好吃的水果也会让人厌烦,使人感到无味。由此,在进行书法作业评价语的设计与实施中,教师要不断地变换评价语句和评价方式,将书法作业评价语进行丰富多彩的呈现,体现新颖性。

在进行书法作业评价语的设计与实施中,教师还要注意避免用过于模糊的词语进行评价,比如"优秀""良好"等抽象的词语。这类模糊的语言不

仅无法使学生了解自己的书法作业具体有什么样的问题,而且对学生的书法水平也没有什么提升作用,甚至说是毫无意义。书法作业评价语的设计要如同教师批改学生作文一样,不光有整篇的总结,更重要的是对具体优秀的地方要有针对性、指向性的语句,如此一来,才会对学生的书写水平提升起到直接促进的作用。

三、评价语要与审美进行结合

在书法作业评价语的设计与实践中,教师要多从美学的角度对学生进行引领。在以往书法学习和练习的过程中,我们常常能够发现不少学生分不清美与丑、好与坏,甚至故意学习其他学生写得丑陋的字,结果是越写越差。比如在练习时,有的学生认为字要统一顶着米字格的上方,有的学生要统一靠着米字格的下方横线,甚至有的学生让整个书法作品向右倾斜或者大于米字格。结果可以预想而知,整个书法作品毫无美感,写出来的书法作品也没有书法的技术在其中,所写内容笔画更是生硬,缺少了层次感和变化,让整个书法作品显得毫无生机,失去了书写汉字的原意。种种现象也都表明了我们在进行引导学生时要将评价语与审美方面的内容进行结合,引导学生欣赏美、发现美和追求美。

1. 在评价语中教给学生一定的审美知识和技能

在书法作业评价语的设计与实践中,要侧重于引导学生对所书写字的线条、架构和章法等进行感知和领悟。比如字的结构美,反映在笔画的组合上、字体的构建中,在评价语中教给学生写字需要表现的雄劲、飞动和秀美,让整个书法作品变得生动和谐。

2. 加强示范,教会互评

在书法作业评价语的设计与实践中,教师要注意身教大于言传,一位书写漂亮的教师在日常的书法教学中往往很容易熏陶出能够写一手好字的学生。所以,教师在进行书法作业评价语的设计与实践中要经常进行自我示范,教师的示范书法是最形象和生动的,能够为学生进行切实的指导。教师在书法作业评价语的设计与实践中要经常性地示范一些具有代表性的书法作业,从点画、结构和章法等方面对书法内容示范进行入手,既要肯定书法作业表达中学生的优秀之处,也要亲身示范呈现出书法作品的不足,将缺点讲明白。通过教师的亲身示范,学生一方面能够切实地提升自己的审美水平,另一方面还能够从教师的评价中掌握书法的运用方法。在此基础上,教师还可以在书法作业评价语的设计与实践中引导学生进行互相评价,在互相评价中取长补短,相互促进,共同提升。同时,教师可以采用书法作业评价语展示的方式,不仅能够提升学生对书法学习的关注度,而且能够让书法的教学起到事半功倍的作用。

冰冻三尺非一日之寒,要让学生书法知识技能得到更好的发展,并不是一朝一夕就能够完成的,我们只有从细微之处进行着手,不断地进行改进,学生的书法能力才会渐渐地提升起来。总而言之,在书法的教学中,我们要不断地进行探索,在书法作业评价语的环节,教师要给予充分的重视,激发起学生的书写兴趣和热情,培养好学生的综合素养。

第四篇　线上线下教学结合研究

基于线上自组织学线下指导实践的综合实践活动初探究

——以"北京动物园志愿讲解"为例

■ 杨 薇

一、背景

(一)国家政策

2019 年 6 月中共中央、国务院印发的《关于深化教育教学改革全面提高义务教育质量的意见》中提出优化教学方式,坚持教学相长,注重启发式、互动式、探究式教学,教师要引导学生主动思考、积极提问、自主探究。融合运用传统与现代技术手段,重视情境教学;探索基于学科的课程综合化教学,开展研究型、项目化、合作式学习。这为综合实践活动课指明了方向,综合实践活动课要注重活动过程中学生的主体地位,以发展学生核心素养为目标,优化综合实践活动课教学方式。

(二)学生发展需求

2014 年,为明确人才发展目标,教育部发布《关于全面深化课程改革落实立德树人根本任务的意见》。2016 年 9 月,北京师范大学核心素养课题组发布《中国学生发展核心素养》。以全面发展的人为核心,分为文化基础、自主发展、社会参与三个方面,综合表现为人文底蕴、科学精神、学会学习、健康生活、责任担当、实践创新等六大素养,具体细化为国家认同等十八个基本要点。其中包括具有信息意识,能自觉、有效地获取、评估、鉴别、使用信息;具有数字化生存能力,主动适应"互联网+"等社会信息化发展趋势。

(三)综合实践活动课存在的问题

综合实践活动课一般分为三个阶段,即准备阶段、实践阶段和展示阶段。在准备阶段里需要学生查阅资料,以电子或者纸质的方式带到课堂中进行分享交流,课堂中学生只能根据各自查找到的资料进行交流整理,在讨论过程中生成的问题和想法,无法及时得到解答,因此资料收集与整理过程缺少效率。

(四)社会发展背景

新冠肺炎疫情防控期间,国内外众多学校开展了史无前例的大规模线上教育实践,有效保障了学校的"停课不停学"。尽管疫情防控期间的线上教学是一种应急之举,但基于互联网的各种教学组织方式、知识传授方式与评价方式为师生提供了全新的教与学体验,为应用互联网突破传统班级授课教学局限提供了新思路,综合实践活动课可以充分利用互联网技术,形成线上自组织学线下指导实践的教学新方式。

二、线上自组织学线下指导实践教学模式

综合实践活动是从生活情境中发现问题,转化为活动主题,通过探究、服务、制作、体验等方式,培养学生综合素养的跨学科实践性课程。综合实践活动课强调学生综合运用各学科知识,认识、分析和解决问题。基于学科特点和存在的问题,设计生成了基于线上自组织学线下指导实践的综合实践活动课模式。线上自组织学指的是鼓励学生在小组探究时,充分利用网络的方便性和及时性,安排线上交流与学习,培养学生线上自组织管理与小组合作的能力,引导学生开展自我组织与管理基础上的线上课堂,提高学生数字化生存能力和自我管理能力。线下指导实践指的是学生在课堂和活动场所中进行实地实践,教师在此过程中对学生进行有效指导。线上线下融合教学实现了教学不同环节的有效连通,打通了学生学习的空间和时间,提高了教学的有效性。

三、综合实践活动课设计

（一）活动目标

①提高学生分析解决问题、合作交流的能力,活动过程中和同学交流愉快,能够通过团队合作完成实践任务。

②提升信息技术能力,掌握摄像、拍照、后期制作的基本方法,能够对本组拍摄的视频进行简单的后期制作。

③激发学生热爱动物,保护动植物的意识。

（二）设计思路

北京动物园是中国开放最早、饲养展出动物种类最多的动物园,园内包括动物馆舍和建筑古迹,分为东、西、北三区,是国家和北京市科普教育基地、全国十佳动物园之一,新中国成立以来与世界 50 多个国家和地区的动物园建立了友好联系。本次综合实践活动课分为活动前、活动中和活动后三个阶段,通过设计活动任务,引导学生学习掌握生活中的信息技术,提升合作交流能力。

活动前让学生在明确以志愿服务回馈社会的活动目的后,进行"头脑风暴",设计活动方案,进行活动前准备,包括活动步骤、人员分工、材料准备等,其中需要一人进行摄像或照相,记录活动过程。活动过程中,分成小组,按照各自的活动计划实施并记录。活动结束后,小组成员对活动过程进行反思交流,并形成展示汇报。

四、活动实施过程

（一）活动前

1. 明确活动任务

本节课以师生共同回忆小时候去动物园游玩的经历为导入,激发学生对动物园的美好回忆。根据综合实践活动的开展方式,引导学生从志愿服务的角度思考:走进动物园,我们能做些什么？学生结合自己的经历,提出了园区内捡拾垃圾、讲解介绍等方式。经过谈论交流,最终确定了动物园志愿讲解的活动,每组选取一种动物,向参观动物园的游客进行介绍。

2.细化活动任务

在园区内面对陌生人进行讲解对于学生来说是一次全新的体验,学生既感到兴奋,又有些害怕,不知道如何完成好本次活动。面对学生的问题,笔者向学生们提出了建议,可以把问题进行分解,变为一个个小问题,逐个解决。学生们接受了建议,通过几次思考,把一个大的问题逐步细化为一个个小的问题。

第一次集体思考是围绕着"如何完成好志愿讲解活动"这个问题进行"头脑风暴",学生提出了几个想法:①提前准备好讲解内容。②掌握讲解技巧。③讲解前要和游客沟通好。④准备好活动用具。学生们在提出想法的同时也提出了疑问:如何讲解才能吸引人呢?

于是有了第二次思考:如何写出吸引人的讲解词? 围绕这个主题,学生们再次出谋划策,有的学生提出网络上有动物介绍,可以直接用。有的学生提出可以查动物资料,自己进行编写,在讲解时更熟悉。还有的学生提出因为面对的是普通游客,讲解时不能用太专业的词语,最好通俗易懂。

围绕着如何学习讲解技巧、如何与游客沟通说明情况等问题,小组内进行了讨论,并进行了记录。

通过多次的思考讨论,学生对如何完成好志愿讲解活动更加清晰,并设计了活动方案。

3.巧用软件完成线上指导

小组完成计划采用线上自组织学的方式,根据组员时间,小组长确定学习时间,并组织大家到腾讯会议 App 上进行线上讨论。小组成员首先把各自查阅到的资料通过屏幕共享进行交流分享,选取有用信息整合到一起,教师在学生分享资料时,引导学生关注北京动物园官网信息,学会利用官网信息掌握实时消息,可以更迅速地锁定动物位置和动物展出情况。小组长把有用的资料整合到一个文档中,针对所有内容提出修改意见并进行修改,最终确定了讲解词的内容。

讲解词撰写完成后,每组进行讲解的学生开始练习,并通过视频会议进行展示。利用网络形式进行自组织学的优势在于时间灵活,教师和组员对讲解的学生提出眼神、语速、语气等方面的建议,讲解的学生可进行修改并独自练习,在学生练习好后,教师可以随时组织线上展示指导。通过软件的合理利用和整组学生的努力,讲解越来越专业。

(二)活动中

走进动物园实践活动是在北京动物园内进行,分成小组活动。各小组按照自己的准备和计划,在园内利用地图找到要介绍的动物,向周围参观的游客进行讲解。讲解过程中,组员进行摄像记录。

(三)活动后

1.发挥学生优势进行线上后期制作指导

拍摄视频和后期制作并不是所有学生都熟悉的领域,笔者邀请懂视频技术的学生发挥他们的优势,为每组负责拍摄和后期制作的学生进行简单培训。该学生通过屏幕共享一步一步演示了在视频中添加文字、图片和特效的方式,并对提出的问题进行解答。通过耐心的教与学,这部分学生都能够对本组视频进行简单后期处理。

2.自组织线上交流

自组织小组成员进行线上交流,包括观看拍摄的视频,制作视频后期,分析优势和问题,回顾综合实践活动过程,梳理遇到的问题和解决的办法,形成展示汇报。

3.课堂展示

本节课主要是各小组的汇报交流,各小组通过视频、PPT 等方式展示了其在活动中遇到的问题、解决的办法和收获。通过小组分享发现,学生在本次综合实践活动过程中学会了与陌生人交谈,觉得志愿服务非常有意思,愿意以后多进行这样的活动,还有的同学提高了信息技能,尝试了拍照、摄像和简单后期制作,对科学技术产生了兴趣。

五、总结

1.培养学生自主学习和管理能力

线上自管理学打破了集体学习的空间和时间,给予了学生更多自主思考的空间和主动探索的时间,可以促进学生更加主动地学习和解决问题。

2.提高学生学习效率

线上教育资源丰富,学生可以充分利用网络资源进行云探索,比如博物馆资源、官网资源和各种学习软件。可以线上自组织学习与线下指导实践巧妙结合,既开拓了学生学习的视野,也提高了学生学习的效率。

小学科学学科线上线下教学结合的
策略与实施

■李 梦

一、小学科学线上线下教学结合的背景

2020 年新春到来之际,新型冠状病毒悄然而至,面对疫情的突然来临,为阻断疫情向校园蔓延,确保师生生命安全和身体健康,教育部下发通知,要求 2020 年春季学期延期开学,学生在家不外出、不聚会、不举办和参加集中性活动。各地教育部门也为服务保障疫情防控期间中小学校"停课不停教、不停学"采取多种措施。学生经历几个月的居家线上学习时间,2020 年9 月,北京中小学生分年级陆续开始开学返校,重新进入线下学习。

随着信息技术的快速发展及其应用领域的不断扩大,教育领域也受到了较大的波及。在后疫情时代背景之下,基于移动端的钉钉、微课教学逐渐得到了广泛应用,对小学科学教学模式进行了一定程度的革新。移动教学模式是一种新社会形势下诞生的线上教学模式,能够跨越时间和空间的限制展开教学,然而由于该教学模式缺乏教师的实时监督,学生的科学学习存在一定的随意性,对学生的自主学习能力提出了更高的要求。因而,教师要深刻意识到线上教学模式带来的优势和弊端,及时采取有效的教学手段,实现线上线下的深度融合。

二、小学科学线上线下教学结合的意义

科学与生活息息相关,学生学习科学最终的目标是对生活中的现象进

行解释。教师可以根据知识点的难易度来开展线上线下教学,引导学生从生活中感受科学的魅力。部分科学现象,学生通过线下学习就可以得出正确的结论,教师应当鼓励学生在线下对科学现象背后的原因进行探究,积累丰富的材料。线上教学方式十分丰富,主要包括钉钉、微课、腾讯会议等,这些是将教学视频放置线上开展教学的主要载体,教师围绕某个知识点展开教学并进行完整的教学活动。线上教学不仅综合了图像、动画、声音等多种信息传递方式,还在一定程度上突出重点知识教学,在教学空间和教学时间上也不只是完全局限于课堂,不仅能够极大地提升学生的自主学习意识,还能进行重难点的教学,让学生全面掌握科学知识,并能够在线下进行科学知识的巩固,对于提升科学课堂的整体教学效率有着重大意义。线上教学模式通常利用视频进行知识传递,呈现出单一的、严格定义的主题,达到教师的教学目的以及学生的学习目的。线上教学的核心内容在于视频教学,然而在此过程中又不仅仅局限于单一的教学资源,对于和教学主题相关的课件、习题、点评、反馈和设计等方面也能起到极大的教学支持;然而单一的线上教学由于缺乏有效的监督机制,仅靠线上教学难以提升整体科学教学效率,需要教师通过布置课后作业或者线下辅导的方式,实现线上和线下的有机融合,进而全方位提升科学教学效率。

三、小学科学线上线下教学结合的策略与实践

(一)线上线下教学结合展示观察过程

线上教学具有感染力强、直观、形象、实时实效等特点,可以创设虚拟的问题情境支持学生的观察活动,学生在课堂中就可以实现对自然生活的观察。下面以《变化的月亮》一课为例,加以说明。

《变化的月亮》一课选自湘科版《科学》教材二年级上册"太阳和月亮"单元。本单元选择太阳、月亮为探究对象,以儿童习以为常的现象为基点,引领学生从无目的地感知事物,转变为有目的、有计划地观察探索事物。传统教学中,如果学生观测一段时间的月相现象,通常要提前布置观察作业,观察过程教师无法指导,上课时学生将观察结果带过来,观察记录效果不

佳。本课的主题活动是观察月亮,月相观察至少要 15 天,对二年级的学生来说,制订观察计划、每天坚持定时观察、适时记录、整理记录等具有一定的难度。本次教学设计中,利用线上录制视频,观察某城市每天的月相变化,学生通过视频展示的月相来认识月有阴晴圆缺变化的事实,充分感受月相是变化的,是多种多样的。利用线上教学出示的不同月相特征,学生很好地发现不同月相的变化特点,从而使学生了解月球与我们的生活密切相关。

（二）线上线下教学结合加强实践指导

《蚕宝宝出生了》一课选自湘科版《科学》教材四年级下册"动物的一生"单元。养蚕和丝织是华夏文明的代表,也是中外交流、文明互通的名牌。蚕的一生各个阶段变化显著,生命周期相对较短。本单元组织学生开展养蚕活动作为单元背景和主要活动,旨在引导学生亲历饲养蚕的活动,在饲养和观察的过程中,发现蚕的生长变化,认识蚕一生的不同发展阶段,观察蚕的繁殖过程,发现和思考蚕与周围环境相互作用的问题。本次教学中采取线上线下相结合的教学方式。课上利用图片、视频讲授蚕一生的生长变化,并且告诉学生养蚕的注意事项。课下让学生运用所学知识,自己饲养蚕,利用照片、视频记录自己的养蚕过程,并撰写养蚕日记。通过认识蚕的生长过程,为后续认识其他动物的生长变化打下坚实的基础。

（三）线上线下教学结合丰富拓展内容

在完成线上微课学习后,笔者会设置与课程相关的体验活动,丰富学生的拓展内容,渗透德育教育。例如在讲授《地球》这一课中,让学生思考并实施"你是如何保护地球环境的",这正好与学校的德育教育相结合。学生通过拍照片、办手抄报、写倡议书等多种形式,践行自己保护地球的做法。同时,笔者通过学校微信公众号展示学生的做法,展示学生的作品,调动学生的积极性,将线上学习与线下生活有机结合起来,让学生时刻感受科学就在身边。

四、小学科学线上线下教学结合的实践反思

(一)突出学生的主体地位

线上线下结合的关键在于突出学生的主体地位,让学生成为课程的主导者。通过移动线上教学,教师不仅能使用面对面的课堂授课方式,对一些重难点内容进行深刻全面的讲解,帮助学生系统地获取知识,还能充分利用网络的及时性,开展一系列教学活动,极大地提升学生和教师的互动性,让学生成为教学的主体。此外,在线上线下教学过程中,教师要在适当的时间通过视频手段向学生展现教学内容,让学生能够有效吸收科学知识。最后,教师还可以利用线上线下教学模式进行师生间的互动,通过网络营造出良好的教学氛围,让学生真正融入课程中,极大地提升其自主学习意识,实现线上与线下的有机融合。

(二)满足学生的个性需求

满足学生的个性学习需求同样是实现线上线下有效融合的重点。传统的教育模式只能在一定程度上满足部分学生的学习需求,学生的资源获取遭到限制。在线上线下模式当中,教师可以全面追踪学生的科学基础水平和知识需求,在最短的时间内找到学生所需的个性化学习资源,并通过不同的表现形式呈现出来,让学生能够真切感受到科学知识的存在,进而更好地实现知识的汲取,极大地激发了学生的学习积极性,让学生能够自主进行线下学习,避免因为线下教学缺乏监督机制而对线下教学效率造成阻碍。

(三)鼓励学生质疑学习

线上线下教育思维模式的出现,对现代教育的意义无疑是十分巨大的,它不仅给现代教育提供了先进的教育教学方向,还在很大程度上促进人们的教育教学观念彻底发生变化,让教师对传统教学和现代教学有了更深层次的思考。线上线下融合的另一个前提就是"质疑式"教育。"质疑"是对科学内容和知识的质疑,所以,教师在线上教学过程中,要突出这种"质疑",要鼓励学生大胆提问,采取积极的手段转变原本枯燥的科学课堂,并通过"质疑",提升学生和教师的互动性,极大地培养学生自主探究和自主学习的

意识。

线上教学将是我国未来教学主要发展趋势,就目前的情况来看,我国许多学校已经普遍在进行线上教学,但是尚未形成一个系统的教学模式和完整的监督模式,学生在学习过程中存在一定的随意性,这就意味着科学教师要合理地利用钉钉、微信、腾讯会议、微课等线上教学模式,通过创设核心探究活动,实现线上线下的高效融合,让学生成为教学中的主导者,激发学生的探究意识和自主学习意识,全面提升小学科学教学的实效性。

利用线下与线上相融合的方式
落实单元语文要素

■ 李晨迪

一、研究背景

2020 年年初,新型冠状病毒悄然而至。各地教育部门为服务保障防控疫情防控期间中小学校"停课不停教、不停学",北京市教委发布消息,将于 4 月 13 日开始进行"空中课堂"的学习。孩子们通过线上进行"空中课堂"的学习。教师利用线上网络平台对学生的学习情况进行指导,在不受时间、地点限制的情况下,能够方便快捷地解决学生在学习中遇到的问题。

疫情防控得到有力控制,学生于 9 月 1 日返校上课,此时学生们已经返回学校,不再通过网络视频方式学习,而是在课堂上和教师进行直接接触与沟通。但是通过疫情防控期间线上学习的尝试,我们不难发现,线上平台方便快捷的形式,十分有利于教师直接了解孩子在家的学习情况,同时也能够及时解决学生在学习中遇到的问题。于是,笔者开始在教学中尝试线下与线上相融合的教学模式。

二、发现融合点

部编版语文教科书围绕"人文主题"与"语文要素"双线组合单元,加强了不同年级段、不同册书之间的纵向联系,充分体现了语文学习由易到难、由浅入深的发展梯度,语文教科书除了有不同年级、不同册书之间的纵向联系,同时在同一个单元内部还存在着横向联系。语文教科书从三年级开始,每个单元内设有"导语",在单元导语中明确语文要素(见表1),学生通过对本单元内容的学习,落实单元语文要素。

如何抓住线下与线上教学中的融合点,更好地强化与落实语文要素,使学生在学习中有所得有所获,对此,笔者特别研究了不同年级段教材中的语文要素(见表1),有针对性地进行线下线上教学新模式。

表1　部编版语文教科书中的语文要素

单元位置	人文主题	语文要素
二年级下册第七单元	改变	借助提示讲故事
三年级下册第八单元	有趣的故事	了解故事的主要内容,复述故事
四年级上册第八单元	古代故事	了解故事情节,简要复述课文
五年级上册第三单元	民间故事	了解课文内容,创造性地复述故事

观察表1,笔者通过研究不同册书之间的语文要素,发现了从二年级开始,每个年级都需要落实讲故事这一语文要素,随着年级的升高,对于讲故事的学习要求也是由浅入深的:二年级要求借助提示讲故事,三年级要求复述故事,到了五年级学生不仅要会复述故事,还能够对故事进行创造,进行有创造性地复述故事。

通过分析思考:学生们在课堂上学习了如何讲故事,复述故事,但是具体怎么落实呢? 如果每名学生讲的故事都在4～5分钟,全班学生都利用课堂的时间向大家展示自己讲的故事,教学课时不能够满足这一要求。

这时笔者想到,为什么不利用线上与线下相融合的教学模式来落实讲故事这一语文要素呢? 这样学生不仅能够将课堂上的知识学以致用,还能够通过网络平台展现自己的风采,一举两得。

三、利用线下与线上相融合的方式落实单元语文要素

(一)线下教学

例:在讲解课文《猎人海力布》(部编版语文五年级上册)这个民间故事

时,笔者先引导学生梳理课文的主要内容,学生在厘清文章脉络之后,利用之前学过的列表格、列提纲等方式,整理出《猎人海力布》中讲述的两个小故事,先按顺序复述故事;然后,组织学生讨论,在复述故事中哪些主要情节不能遗漏;接着,讨论可以通过变化角色等方式有创造性地复述故事;最后,学生在课堂上练习有创造性地复述《猎人海力布》这个民间故事。

(二)线上展示

为学生布置了家庭作业:回家后选择自己喜欢的故事,在了解故事内容之后,进行复述,并将故事的内容讲给父母听。

返回学校之后,教师利用课余时间为学生录制讲故事视频并上传至网络平台,学生回家后在家长的带领下共同欣赏同学们讲故事的精彩视频。

(三)线下反馈

回到学校之后,教师组织学生对同学讲的故事进行评价。在相互评价的过程中,学生们有所反思,不仅对自己讲故事的内容过程进行思考,同时也对接下来需要讲故事的同学有一定的借鉴意义。

四、总结

在研究语文教科书、明确不同学段的学习要素之后,找到线下与线上教学中的融合点,通过线下教学、线上展示、线下反馈的教学方式更好地落实单元语文要素。这种利用线下与线上相融合的方式落实单元语文要素的新模式,使学生利用已有的知识进行主动建构,学以致用,同时,学生也可利用网络平台展现自己的风采,提高自信心,对于学习可谓一举两得。

第五篇　作业设计研究

"双减"政策背景下,小学科学探究性作业的实践研究

■李 梦

一、问题提出

中共中央办公厅、国务院办公厅印发《关于进一步减轻义务教育阶段学生作业负担和校外培训负担的意见》(简称《意见》),《意见》明确提出提升课堂教学质量,优化教学方式,提升学生在校学习效率。

教育部办公厅《关于加强义务教育学校作业管理的通知》提出:学校要根据学段、学科特点及学生实际需要和完成能力,合理布置书面作业、科学探究、体育锻炼、艺术欣赏、社会与劳动实践等不同类型作业。鼓励布置分层作业、弹性作业和个性化作业,科学设计探究性作业和实践性作业,探索跨学科综合性作业。

作业设计是巩固学生课堂学习成绩,锻炼学生自主思考和学习能力的关键环节。现实的教学中,作业的数量激增不说,且形式也多集中在书面上,探究实践性作业较少,这在给学生带来枯燥感和乏味感的同时,也将大大降低作业完成的效率和质量。

因此,我们迫切需要在"双减"政策的指导下寻找到科学课作业设计的新途径。作业设计的形式可以是多样的,如口头作业、书面作业、实践性作业,抑或是其他类型的作业,在布置小学科学课作业时,应尽可能地使其多元化些,更容易激发学生完成作业的兴趣。

二、小学科学探究性作业的概念与特征

探究性作业是以课堂教学内容为基础，以日常实际问题为载体，通过学习小组的合作，对问题进行探索与研究，并形成书面报告的一种长期的作业类型。探究性作业与传统的作业相比，具有探究性、开放性、整合性的特点。探究性作业下的学生的学习目标有很大的改变，学生不必死记硬背那么多结论性知识，而是更多富于生活信息，富有挑战意味，能激起学生潜在的好奇心和好胜心，引导学生懂得搜集、处理信息，从获得知识中获得体验。另外，其灵活、开放的特色有利于开阔学生视野，培养学生的应用意识和能力，激励学生自主进行探究，进行学习。

三、小学科学探究性作业的价值

《义务教育科学课程标准（2022 年版）》指出：小学科学课程以培养科学素养为宗旨。在小学阶段，学生对周围世界有着强烈的好奇心和探究欲望，这一时期是培养科学兴趣、体验科学过程、发展科学精神的重要时期，要积极倡导让学生亲身经历以探究活动为主的学习活动。

为了更好地贯彻落实教育部"双减"政策和"五项管理"要求，切实减轻学生过量作业负担，在"双减"政策实施的背景下，小学科学教师也应当革新作业设计思想，重视对学生作业过程自主探究能力、思维品质和个性的培养，力求作业设计的多样化。探究性作业不仅是学生检查自己学习效果的一种方式，更是学生展示自我、自由发展、不断成长的舞台。探究性作业为学生提供了在真实任务和复杂情境中解决问题的机会，它以学生从课堂中获取的已有发展水平和可能的发展为基础，让学生在动手动脑中学习，在生活实践中学习。所以在实际的教学中，应注重学生探究性作业的设计，使学生乐做善思，促进学生综合能力的提高，丰富素质教育内涵的发展。

四、小学科学探究性作业设计的原则与内容

(一)小学科学探究性作业的设计原则

1. 设计小学科学探究性作业要遵循"标准"

"标准"即小学科学新课程标准、教材等。教师只有以此为准则,对此了然于心,才能在设计作业时,以学生的发展为目的,把握方向,突出检查、巩固、拓展的功能,使学生在作业中能通过各种有效的途径完成作业,得到能力的培养。

2. 设计小学科学探究性作业要"多角度"

所谓"多角度"就是要求设计作业时从不同方面进行,如可以从调查型、实验探究型、操作型、趣味型作业等角度进行设计,也可以设计具有时代意义的、社会热点问题等类型,防止学生作业机械模仿,随便应付。应着眼于提高学生的学习质量,拓宽学生的视野,培养学生的探究能力。

3. 设计小学科学探究性作业要有"梯度"

作业设计不能过难,也不能太容易。这就要求我们在设计作业时充分考虑学生的已有知识储备和能力水平,使作业内容让大部分学生"跳一跳,就能摘到",从而不断促进学生思维、智力、兴趣等方面的健康成长。否则,学生会从失败中失去信心,失去完成作业的动力。

(二)小学科学探究性作业的设计内容

小学科学教学中,适合学生自主探索的探究性作业类型非常多,教师在实践中应该结合具体的科学教学内容以及小学生的操作实践能力进行设计。科学探究性作业的设计内容以课本为载体,内容上与学生生活息息相关。我们将探究性作业按功能不同,在作业内容上分成观察实验类、设计制作类、种植饲养类、时空观测类和资料收集类探究性作业,具体如表1所示。

表1 小学科学探究性作业类型

探究性作业类型	内容	功能
观察实验类	科学实验是进行科学探究的主要方式,引导学生将观察到的实验现象与科学内容进行联系	学生具备基本的科学实验技能是学习科学和进行探究活动的基础和保证,可以更好地理解科学概念和相关知识
设计制作类	设计制作是指学生运用各种适合的工具、工艺,设计、动手操作,并将自己的创意或方案付诸现实,最后转化成物品或作品的过程	设计制作类作业,体现学生的参与性、体验性、感情性、综合性、实践性等要求,又具有创意物化的显著特征
种植饲养类	种植和饲养活动是小学生乐于参与的一项活动,科学课应该提供机会,让他们从事力所能及的种植和饲养,从中获得直接感知和技能、乐趣方面的发展	以"种植、饲养"为主题的探究活动,有助于学生对主题单元科学知识的了解更深入,学生"在做中学",提高学习质量
时空观测类	观测作业一般都是长周期的任务,要让学生回归生活对自然现象进行观察记录。教师在布置此类作业的时候,要充分利用现有信息媒体,保证观测的连续性	课外持续观察探究,既是上阶段学习的应用,也为下阶段教学服务,起承上启下的作用
资料收集类	学生在课外时间搜集信息,整理资料,通过阅读有关的文件、报道、杂志、图书等资料,从中筛选、获取所需的信息,并将其记录在笔记本上	对教材涉及的科学知识进行一定程度的拓展和应用,使学生丰富相关的科学知识,达到更好的理解与应用

五、小学科学探究性作业实施的策略

(一)激发学生探究兴趣,开展自主探究活动

小学生的好奇心很强,教师在课堂教学中应该充分利用这一特点调动学生探索科学知识的兴趣。兴趣是最好的老师,在课外探究中,学生必然会遇到诸多的困难,而只有在兴趣的引导下,学生才能够形成良好的心理素

质,并跨越障碍,理解科学探索的价值。课堂教学与课下探索是相辅相成的,在实践中,教师可以根据具体的教学内容精心诱导,为学生的课后探索做好铺垫,以调动学生学习的积极性。

例如在湘科版四年级下册"动物的一生"单元的学习中,教师可以利用图片、文字为学生讲述蚕在不同时期的生理特点和基本习性,也可以利用纪录片增强科学知识的生动性。养蚕属于典型的中长期科学探究作业,从蚕卵的孵化一直到结茧需要 1 个多月的时间,对于课堂教学来说是"不可能的任务",对于学生来说饲养也有一定的难度,所以首先要对学生如何饲养蚕进行指导,再辅以写观察日记等方法培养学生养蚕的兴趣,让他们知道蚁蚕需要食物、空气、空间等生活和成长的必要条件,并能够意识到养蚕是长期的活动,也是一个不断进行科学研究的过程,从而使学生更加喜欢饲养小动物,也更加愿意研究小动物。

（二）以学生发展为主体,分层布置探究作业

探究性作业更能体现教师主导作用和学生主体地位的统一。在课堂上,教师发挥主导作用,把知识技能系统地传授给学生,打好基础;学生完成探究式作业时,教师、家长处于辅导地位,学生处于活动中心。探究性作业题型多样,内容形式丰富,给学生自我选择的余地更大,能满足不同类型、不同层次的学生需求。学生自主设计活动方案,选择活动伙伴,充分发展自己独立思考、独立探究、独立创造的能力。在这些过程中形成的能力,又将促进学生的课堂学习。

探究性作业在内容设计上紧扣教材,作业难度根据学生探究水平设计,不让学生在心理上望而却步。有的考查型作业还进行分层设计,以适应不同学生的能力水平。如湘科版四年级下册"电"单元的探究性作业,就是进行分层设计,学生可以根据自己的水平选择点亮两盏灯或点亮三盏灯的电路进行设计制作。

作业内容

用鞋盒设计一幢有房间的屋子,用配套材料袋中的电路材料,在每个屋子中安装电灯,自制小开关,小开关能分别控制各盏灯。

1. 只有两盏灯的。

2. 有三盏灯的。

提示:制作之前先画电路图。

说明:1. 以上两项制作可以任选一个,高水平的学生可以选接亮三盏灯的。

2. 有困难可以找同学或家长商量,寻求帮助,但必须亲自动手参与制作。

(三)结合生活实际,拓展学生科学视野

科学课堂受时间、空间的限制,难以完全满足学生探究的需要,难以照顾到每个学生的个性要求,难以综合运用科学知识和方法解决更多的实际问题。探究性作业让学生在课后有充足的、自由的时间开展自主探究,将书本上的知识活用于生活实际,进一步拓宽了教材范围,开阔学生的科学视野,激发学生的科学兴趣。

如湘科版三年级下册"天气观测"单元,就是让学生坚持观察一个月的天气情况,并进行天气信息的汇总,制作天气日历(见表2)。

表2　天气日历

( )月 ( )日	( )月 ( )日	( )月 ( )日	( )月 ( )日	( )月 ( )日	( )月 ( )日	( )月 ( )日	周统计
云量: 气温: 风向: 降水:	云量: 气温: 风向: 降水:	云量: 气温: 风向: 降水:	云量: 气温: 风向: 降水:	云量: 气温: 风向: 降水:	云量: 气温: 风向: 降水:	云量: 气温: 风向: 降水:	降水量( ); 晴( )天; 阴( )天; 多云( )天; 其他( )天
......							
月统计	1. 气温:圈出最高气温和最低气温;平均气温是( )。 2. 天气状况:晴( )天,阴( )天,多云( )天,其他( )天。 3. 出现过哪些类型的云?(在□内打√)　积云□　层云□　卷云□ 4. 月降水量共( )。						

六、小学科学探究性作业评价的策略

(一)积分式

我们将科学实践作业按完成的及时与否、作业质量进行评分,并纳入小学科学学业水平评价和学校"七彩成长币"的积分行动中,让学生在获得实践成功的同时,得到期盼的七彩成长币,增加他们对完成作业的成就感。

(二)展示式

实践作业的优秀作品通过展示达到激励的目的。我们将学生的作品或作品照、记录表、日记等在学校宣传窗、楼道、班级展板内进行展示,同时附上展示学生的照片,让全校师生都来欣赏他们的实践成果,增加学生的自信心和自豪感。

(三)比赛式

为了保证实践作业的成效,让大多数学生都能坚持完成实践作业,我们将有些实践作业如种植日记、制作叶画、制作水火箭等列入学校科技节活动的比赛内容之一,通过比赛激发学生完成作业的兴趣,保证作业能较高水平地完成。

七、小学科学探究性作业的反思

(一)开展合作式的探究性作业

教师可以本着组内异质、组间同质的原则对学生进行分组,一般为 4 人一组,以学生自由搭配为宜。学生以小组为单位,在真实场景中完成有挑战、有意义、有趣味的探究性作业,增强学生的合作意识。

(二)开展自主性的探究性作业

教师布置探究性作业时,可以发挥学生的自主性。教师可结合具体的教学内容,恰当地让学生提出探究性问题,并尝试解决,让"问题来自学生",可进一步激活学生的思维,帮助学生养成良好的科学素养。

(三)开展跨学科的探究性作业

跨学科作业是对学习资源的一种重新整合,有利于拓展学生的思维、视野,淡化学科界限,灵活运用知识。教师可以结合教材内容和学科特点,设计跨学科的探究性作业,打通学生学习的思维,促进学生全面发展。

在"双减"政策的实施背景下,小学科学课教师要树立崭新的教学思想和作业设计观念,要多重视在作业设计中体现出学生的思维探究性,激发学生完成作业的兴趣,彰显作业的新鲜感和多样化,追求实效,真正落实科学学习的"研究后研究",真正提高学生的创新意识和实践能力,提高小学生的课后学习效率和质量,最终让"双减"政策落到工作实处。

"双减"背景下小学数学单元整体作业设计研究

——以人教版义务教科书三年级数学上册"万以内的加法和减法"为例

■周 萌

一、"双减"政策的内涵

为深入贯彻党的十九大和十九届五中全会精神,切实提升学校育人水平,持续规范校外培训(包括线上培训和线下培训),有效减轻义务教育阶段学生过重作业负担和校外培训负担(以下简称"双减"),中共中央办公厅、国务院办公厅印发了《关于进一步减轻义务教育阶段学生作业负担和校外培训负担的意见》(以下简称《意见》)。《意见》指出:要全面压减作业总量和时长,减轻学生过重作业负担。提高作业设计质量,设计符合年龄特点和学习规律、体现素质教育导向的基础性作业。鼓励布置分层、弹性和个性化作业。

教育部将"作业管理"作为"五项管理"的重要内容,印发了《关于加强义务教育学校作业管理的通知》,立足于切实发挥好作业的育人功能以及减轻学生过重的作业负担,提出了十项具体措施。

二、作业设计存在的问题及原因

作业是学校教育教学工作的一个重要的环节,是课堂教学活动的补充,意在帮助学生巩固知识、提升能力、培养良好的行为习惯。科学有效的作业,还能帮助教师精准分析学情、改进教学方法。但是目前部分学校还存在作业数量过多、质量不高等突出问题。之所以会出现以上问题,是因为教师的作业设计缺乏创新性,基础知识作业形式过于单一。大部分教师在现阶段数学作业的呈现形式多是表现在书面上,集中于数学课本、练习册上,忽略了积累合作经验、积累探究经验、积累实践的作业。无效的作业设计,既达不到温故知新的效果,还占用了学生课余锻炼、休息娱乐的时间。因此,笔者在本研究中,将设计符合学生年龄特点和学习规律、体现素质教育导向、涵盖德智体美劳全面育人的实践作业,让学生通过动手动脑完成调查性、操作性等作业,并为一线教师提供一些思路,从而能有效减轻学生过重的作业负担。

三、单元整体作业设计原则及策略

(一)单元整体作业设计原则

针对单元整体作业设计的问题和原因,笔者认为"双减"背景下的单元整体作业设计要遵循以下原则:目的性原则,教师要根据教材内容和目标设计有针对性的作业;科学性原则,教师在设计作业时,要符合学生的年龄特点、身心发展水平和认知水平;联系性原则,作业的设计要体现数学与生活之间的联系,使学生能够灵活运用数学解决生活中的问题的能力。

(二)单元整体作业设计策略

1. 设计注重对学生基础知识的训练作业

在设计单元整体作业时,教师要根据本单元的教学目标设计作业,让学生通过完成作业,来巩固本单元要掌握的基础知识。

2. 设计综合实践性作业

通过设计综合实践性的作业,让学生通过亲身实践,感受数学与生活之间的联系,也让学生在数学的学习中,不再只是增长书本上的知识,更是要培养学生在获得知识的同时,能用自己学到的知识去解决实际生活中的问题的能力。

3. 设计动手型作业

例如图形与几何作为数学学习的四大领域之一,在整个数学的学习过程中占据着重要的地位。在小学阶段学习了一些有关图形与几何的知识,这些内容不光加深了学生对图形与几何的理解和掌握,对学生的作图能力也提出了很高的要求。因此,在设计单元整体作业时,也可以多设计一些动手型的作业,培养学生做图的能力,提高学生的空间观念。

4.设计合作型作业

良好的家校沟通能够使学生更加健康快乐地成长。学校和家庭有着相同育人的目的,因此,学生和家长之间的合作也非常重要。通过设计一些家长和孩子互动的作业,既能培养良好的亲子关系,也能培养学生合作的意识。

四、"万以内的加法和减法"单元整体作业设计

(一)教材分析

1.教学内容

本单元的教学内容包括:口算两位数加、减两位数(和在 100 以内);笔算几百几十加、减几百几十;用估算解决问题。

这部分内容在第一学段"数与代数"板块中起着承上启下的作用。一是通过口算和笔算,复习了数和计算的有关知识;二是为进一步学习万以内的计算起着铺垫作用;三是结合运用计算进行解决问题,在具体情境中逐步培养学生估算的意识,从而将估算当作解决问题的一个有效策略,培养学生用计算解决问题的能力和良好的数感。

2.教学目标

(1)学生能够正确口算两位数加、减两位数(和在 100 以内),会正确计算几百几十加、减几百几十。

(2)学生在解决具体问题的过程中,能应用合适的方法进行加、减法估算,培养估算意识和能力。

(3)培养学生根据具体情况选择适当方法解决实际问题的意识,体验解决问题策略的多样性。

(二)本单元作业设计

"双减"背景下的小学生数学单元整体作业设计,要以教材内容为依托,

以实现教学目标为基础,以巩固学生的知识与技能为基本,发展学生的数学思想,提高数学应用意识。

随着科技的发展,现在支付的形式变得越来越多样化,也越来越电子化。虽然学生一年级时学过认识人民币,但是大部分学生对人民币的认识依旧比较模糊,甚至可能只在课本中见过人民币,对理财的概念更是缺乏。

因此,笔者对本单元整体作业的设计是让学生记录自己或家庭一周的收入支出情况。通过记录家庭一周的收支情况和余额,不仅能让学生巩固本单元的基础知识,还能提高学生在生活中应用数学的意识。让学生明白钱是来之不易的,让学生树立正确的消费观念,真正做到让学生在德智体美劳方面全面发展。

(三)学生作业展示

每位学生都记录了自己或家庭一周的收入支出情况,并将自己或家庭一周的收入支出情况做成了手抄报,以图片的形式向全班学生进行介绍。在展示收入时,大部分学生都介绍道,自己这一周的收入来源是通过帮助父母做家务所得,通过劳动赚钱,让每位学生都感受到了钱是来之不易的。有些学生虽然还未有攒钱的意识,但可以看出学生的支出都是一些必需品,冲动消费变少了。

本次的单元整体作业,不仅巩固了本单元的基础知识,还能使学生在劳动方面有所发展,也使学生树立了正确的消费观念。

在学生展示时,可以看出大部分学生都能牢固掌握本单元的基础知识,能够准确计算余额。但也有一些学生会出现计算错误,通过全班学生共同研究探讨,不仅能帮助出现错误的学生改正错误,还能让全班学生再一次巩固本单元的知识,也能帮助教师更好地分析学情,设计下一次的作业内容。

另外发现,有小部分学生已经有了攒钱的意识。他们把每天剩余的钱放到存钱罐里存起来,把钱攒起来去做一些有意义的事情。在这些学生展示时,笔者也给全班学生提出了一个问题:算一算他们这一周大约攒了多少钱。这样不仅能培养学生攒钱的意识,还能巩固本单元所学的估算的知识,培养学生的估算意识。

五、反思与总结

数学是基础教育学科中的重要组成部分,数学作业更是数学课的延续,它能让学生巩固所学的知识,也能提高学生的数学素养。因此,设计具有科学合理性的数学作业,尤其是在"双减"背景下,提高作业设计的质量就显得尤为重要。

从本单元整体作业设计上来看,效果是显著的,但作业设计类型比较单一,提出的案例依旧不够全面。但是,我们相信通过不断的研究、不断的探索,一定会找到能够让学生在掌握数学基础知识的情况下,提高数学的学习兴趣,促进学生数学学科素养,并涵盖德智体美劳全面发展的单元整体作业设计。

"双减"背景下小学英语作业设计初探

■ 尹丽莎

英语作业是英语教学的一个不可缺少的环节,也是学生获得知识和掌握技能的重要途径。"双减"政策之下,学生作业总量和时长减少了,负担减轻了,但对作业质量的要求更高了。教师在作业布置上,要精心选择作业内容,精准针对不同学生。作为英语教师,我们应该精心设计有利于提高学生综合语言运用能力,以及培养学生创新精神、实践能力的作业;从激发和培养学生学习英语的兴趣出发,使学生能更愉快、更有效地去完成英语作业。

培养学生运用英语的能力是作业布置的出发点和归宿。作业设计要注重合理性和有效性,以任务为中心,通过新颖、独特和具有吸引力的设计,从听说、读写、玩演等多角度、多方面入手设计作业,让学生在体验和创造的过程中学习,找到适合自己的学习方法,知道如何学习。在减负增效的前提下,教师要多布置实践类作业,倡导学生积极体验和参与。比如绘画,演讲,创编短剧,录视频,做采访,学唱英语歌曲,画思维导图,等等。同时我们在选择作业内容时,应该有计划,遵守循序渐进的原则,做到从易到难。

为此,我们要精心设计丰富多彩的课后作业,激发学生学习英语的积极性,让学生愿意做,发挥作业应有的作用,以此来提高学生的综合语言运用能力。

一、布置口语化作业

小学生学习英语的根本目的在于能够运用英语进行简单的口语交际。因此,如何布置有效的英语口语作业,帮助学生提高英语口语交际能力至关重要。在日常教学中,笔者经常利用一起作业网布置模仿跟读、情景对话、角色扮演、绘本跟读,以及同步学 App"趣配音"的作业,鼓励学生大胆开口练习口语。笔者还经常布置录制课文朗读或背诵短视频的作业,夯实课堂口语交际。

例如,[作业设计]自我介绍(Self introduction),适合三、四年级。用英文来做自我介绍,比如姓名、年龄、学校、爱好等。向朋友做简单的自我介绍,例:Hello, everyone! My name is …, I am … years old. I study in … Primary School. I like…

学生通过播放自己的音频或视频,也能发现自己语音、语调的不足之处,并进行修正。通过学生提交的课文背诵视频,我们可以进行口语评比活动,评选出班级的"口语之星"。正是由于口语训练的到位,很多学生不仅端正了学习态度,对口头作业有了更清晰的认识,而且一部分优秀的学生锻炼了能力,学好英语的愿望更加强烈。

二、布置交际类作业

英语作业应体现语言的交际功能。我们可以布置采访、创编对话的作业。创编对话可以让学生学以致用,提升学生的英语综合能力。教师引导学生依托英语教材上的对话,挖掘有用资源,将整个单元整合起来,拓展对话,依托核心词汇,带领学生创造性地编写对话,提升学生的英语语言运用能力。在四年级上英语教材中,学习如何用英语打电话。笔者思考要让打电话的情景变为可实践的一个作业,于是布置了两人一组,创编一个打电话的作业。

例如:[作业设计]打电话(Make a phone call)。

每人发一张打电话提纲,包括以下内容:

1. Who makes the phone call?

2. Who answers the phone call?

3. Why does…make the phone call?

Sentence bank:

May I speak to…, please?　　　Speaking.

Is…there?　　　　　　Please hold on…, it's for you.

This is…

学生根据提前创编好的提纲,在课上进行现场打电话,展示创编成果。由于这类作业来源于生活,又用于生活,学生能通过真实的情景进行交流,不仅调动了学生学习英语的积极性,同时也增进了同学之间的沟通。将书本知识在实践中进行交际,远比学生背课文深刻得多,学生更愿意完成。

三、布置绘画类作业

将绘画与语言学习相结合,发展学生多元智能。在绘画类作业中,学生根据实际,通过想象和对色彩的感受,创作出自己喜欢的图画,然后借助图画来记忆单词,学习的效果十分理想。教师应根据单词的特点,尽可能布置一些绘画作业,让学生动手操作。在四年级上英语教材中,我们学习了各种情绪的英文表达,并布置了创作情绪脸谱的绘画作业。

例如:[作业设计]我的情绪脸谱(My Emotional facebook)。

课上我们学习了 happy,sad,angry,worried,upset,surprised,tired 等单词,请同学们画出你的情绪脸谱,并说明原因,然后向同学和家人介绍你创作的这幅画。

例如:I am happy because I win the game. I am sad because I am ill.

英语书写与绘画相结合,能帮助学生更好地记忆单词,复习旧知。绘画类作业充分发挥了学生的想象力和创造力,能让学生主动参与,而不是被动完成教师布置的课后作业。

四、布置差异化作业

在英语学习中,每个学生的能力、学习方式和效率各不相同,学生的学习存在着极大的个体差异。笔者注意到,在布置家庭作业的时候,教师"一刀切"的做法往往会忽视学生的这种差异性。学生对于作业没有自主权,只能听命于教师。这种做法伤害了学生的学习情感,不利于学生的个体发展。因此,要转变学生的学习方式,教师首先要尊重这种差异。在期末复习迎考中,笔者改变策略,让学生有选择地做题。笔者是这样安排的:同一张练习试卷,基础好的学生选做难度大、发散思维的能力题;基础弱的学生主攻容易的基础题。

例如:[作业设计]期末复习。

学习程度较好的学生,作业难度更高;学习程度较差的学生,难度设置较低,巩固基础。程度不同,"分层作业"更有针对性。以检测对单词的理解掌握为例,针对三类程度不同的学生,设计分层作业。

C 层最简单,给出单词和相应图片,让学生对图文进行匹配后,掌握单词,再用句型补充练习;B 层适合中等难度,不给出单词,让孩子观察图片,默写出相应单词,并进行句子填空;而针对程度较好的学生,A 层作业会直接给出句子,学生需要读句子,理解句意,完成练习。

教师在布置课后作业时,要从学生的实际情况出发,分层次来设计,考虑到个体的差异,让学生根据自己的能力进行选择。这种做法提高了学生学习的积极性,各个层次的学生通过作业练习都能找到成就感,体现了"以人为本"的教学理念,让不同层次的学生都获得成功的体验,增强信心,真正做到提优补差。

五、布置有创意的英语作业

英语是一门语言,而语言是用来交流的工具。英语只有在交流中才能更好地体现价值。因此,英语教学不能只局限在教室里,受限于课堂中。课内的学习任务圆满完成,课外的学科活动也应组织起来。例如组织班级内英语歌曲比赛;利用中午休息时,播放英文歌曲;母亲节制作主题为"I love my mother"的贺卡;英语基本功之书写比赛;英语拼读单词闯关活动;英语戏剧表演等活动。教师通过班级、学校、社会层面的丰富多彩的活动,充实学生的学习生活,开阔学生的视野,增强学生学习的趣味性、集体的凝聚力以及同学间的互助与竞争。

总之,小学英语教师在设计作业时,应该按照课程标准的理念,围绕教学目标和教学要求精心设计符合学生认知特点和兴趣的作业,不仅可以帮助学生复习和巩固已经学过的语言知识,还可以为学生进一步学习做好铺垫,让学生从被动做作业的困境中走出来,主动完成作业。

小学生语文作业设计初探

■ 于艳君

作业是巩固教学效果的有力手段,也是反馈教学效果的重要途径之一。然而,班级中总有一部分学生不能自主完成作业,完全是在老师的监督甚至逼迫下才勉强为之。对他们而言,作业更多的时候是一种负累。造成这一不良现象,主要是教师在作业的布置上更多注重的是基础知识。基本技能的训练,失去了作业发挥创造性、探究性的作用,同时,长期机械乏味的作业严重抑制了学生的学习兴趣和积极性,极大地限制了学生学习活动的空间和语文素养的提高,制约了学生个性的发展。因此,我们有必要依据多元智能理论、发展性理论以及"新课改"要求,重新全面认识作业的意义,尊重学生的个性,在作业的布置上,既要关注后进生和中等生,又要关注优秀生,让不同层次的学生都能在完成作业的过程中获得成功的体验。让学生的观察能力、阅读能力、动手能力和创新能力得到培养,更重要的是能引领学生走进生活,体验生活,感悟到生活处处皆语文。鉴于这种现状,笔者在教学过程中对语文作业的设计做了新的尝试。

一、分层式个性化作业设计

"双减"政策备受社会关注,将减轻学生过重的作业负担落到实处成为一个亟须攻克的难题。从小学语文的设计来看,思维导图的利用有助于层次化的作业设计。

思维导图作为一种学习的图形思维工具,在培养学生的阅读能力、课后知识的梳理能力等方面占有很大的优势。因为绘图的过程就是阅读记忆的过程,是阅读和背诵能力提高的过程。思维导图在小学语文教学中就像一棵发散性的知识树,体现小学语文教学的整体性和序列性,有助于充分激活学生的想象力、联想力,而且可以极大增强学生的记忆力,增强学习语文的兴趣。

在进行思维导图的作业设计时,注重增加作业的层次性,供学生选择。作业设计分为基础、提高、拓展三个方面。一部分是生字与生词,也就是基础知识的积累与梳理。另一部分是对句式的积累及表达。两部分内容难度不是特别高,目的在于激发学生兴趣,传授学习方法,培养良好的学习习惯,在提高拓展的作业设计中更注重知识的应用迁徙。

分层的作业设计,通过作业量分层、作业难度分层,对那些学习有困难的学生,适当减少了作业量,减轻了他们的课业负担。对于有余力的学生,鼓励他们进行适量适当的作业和练习,能有效地帮助学生体会成功的喜悦,培养自信心。因为分层作业的分量、难度适宜,不同层次的学生完成作业不再有困难,这无疑激发了学生完成作业的兴趣。学生在完成作业的同时,既感到轻松愉快,又扎实地掌握了知识。在形成良好的学习习惯后,教师还应适时鼓励学生向更高层次挑战。

二、发挥学生主体作用

发挥学生主体作用就是充分发挥学生主体的积极性、主动性和创造性。教师面对的是一个个基础不同、能力不同、性格不同、习惯不同、兴趣不同的个体,所以作业的布置一定要面向全体,要关注人的差异,有弹性,为每一个学生的发展提供合适的学习方式。学生根据自己的兴趣、能力和实际情况设计和选择作业。

(一)生字复现情趣化

学习的过程,从某种意义上说是和遗忘作斗争的过程。根据艾宾浩斯的遗忘曲线,遗忘的速度是先快后慢,所以我们可以抓住重复做事的特点,来提高学生的识字能力。所谓生字复现,就是让学生在语言环境中多次与汉字见面。

为了增加趣味性,在教师的引导下,学生们讨论交流,共同设计了一款"大富翁版识字记字小游戏"。玩法与《大富翁》的游戏规则如出一辙,只不过在"抽卡"环节需要完成卡片上的小任务才能获取相应奖励。有的学生围绕汉字绞尽脑汁设计奖励卡和惩罚卡,有的学生根据自己的爱好写写画画。在这个过程中,生字的复现帮助他们不断巩固积累。做游戏的地方成了他们学习知识的阵地。在教学实践中,我们应鼓励学生创造机会让生字复现。

(二)课堂积极表达交流,自主选择作业形式

学生缺少对生活的观察和认识,再加上表达能力的欠缺,短时间内完成一篇习作对于他们来说是有难度的。在部编版四年级下册第四单元的习作中,要求是写一写"我的动物朋友"。笔者先鼓励学生把自己的动物朋友用照片或视频介绍给同学们。或者有的学生直接把他的"仓鼠朋友"带来,和同学们一起观察。在观察的过程中,学生们一起利用学习单进行观察。主要引导学生去观察不同的方面,比如外貌、吃相等特征。课堂上的学习,使学生们自己有了真实的体验,通过师生反复对话,提高了有序表达的能力,知道从不同的角度进行观察。课下的作业设计仍然可以鼓励学生根据自己感兴趣的方式再说一说,或者进行练写,为后期的单元习作做了铺垫。

三、注重实践性

语文实践性作业更加富有趣味性,具有吸引力。在学生参与的过程中,每一个学生的个性能得到充分的发展,学习能力和知识水平都得到提高。课程标准曾指出,要沟通课堂内外,充分利用学校、家庭和社区等教学资源,开展综合性学习活动,拓展学生的学习空间,增加学生语文实践的机会。

在作业设计时,应以学生的兴趣和直接经验为基础,以与学生学习和生活密切结合布置实践性作业。比如部编版语文三年级下册第三单元综合性学习"中华传统节日"中所学习的古诗和文章全都是有关传统文化的。结合语文要素,我们可以利用文章的内容做铺垫,鼓励学生用上自己所学介绍传统节日,从而收获表达方法和技巧。在活动之初,我们依据不同节日设置为五个主题,兴趣相投的学生组成一组。相关的各类综合性、实践性问题,鼓

励学生亲自调查、动手、实验和思考,同时在这些活动中巧妙融入语文的元素。

听、说、读、写作、玩儿都可能成为语文作业,让学生总保持一种新鲜感,使学生不觉得是为完成老师留的作业而被动做作业。为了使大家更加了解传统节日,除了风俗的介绍,负责介绍元宵节的小组利用轻土制作了汤圆,负责介绍端午节的小组把制作粽子的过程描述了出来,甚至有的小组利用表演的形式突出了春节的热闹,等等。

学生实践性作业形式很多,这要求我们在教学实践中不断巩固、完善与创新,力争让每个学生在适合自己的作业中都取得成功,获得轻松、愉快和满足的心理体验。

我们还可以教学生走向丰富的生活。像部编版语文四年级上册第一单元习作"推荐一个好地方"中有这样一篇作文,要求描写一下我们身边公园的变化,这样的作文学生完成起来非常困难。笔者并没有让学生着急写,而是先让学生回到家里,向自己的家人了解情况,然后又带领学生到我们学校附近的公园进行参观,等到我们回到课堂提笔写作的时候,他们就不再为写作而发愁了。这样不仅增强了学生的语文实践能力,而且培养了学生做生活的有心人,在潜移默化中让学生明白生活是个大课堂。

这样的作业设计,把学生的家庭生活、学校生活以及其他各科的学习活动结合起来,构成一个和谐的学习整体,以巩固、应用、深化所学的语文知识,使学生在社会实践中巩固语文知识、发展语文能力,其创新能力也在丰富的社会生活中得到了提高。

语文作业的内容应是丰富多彩的,形式应是多种多样的。教师应根据实际情况,因时而异,因事而异,因人而异,设计有效的语文作业,真正减轻学生的课业负担,激发学生学习的积极性和主动性。

第六篇　学生指导研究

第六篇　学老计审问究

小学生假期体育锻炼的实践研究

■丁 筱

一、小学生假期体育锻炼的研究背景

《中华人民共和国体育法》指出,国家优先发展青少年和学校体育,坚持体育和教育融合,文化学习和体育锻炼协调,体魄与人格并重,促进青少年全面发展,培育、增强青少年体育健身意识,推动青少年和学校体育活动的开展和普及,促进青少年身心健康和体魄强健;培养学生体育锻炼习惯,提升学生体育素养。

《义务教育体育与健康课程标准(2022 版)》提出,体育与健康教育是实现儿童青少年全面发展的重要途径,对于促进学生积极参与体育运动、养成健康生活方式、健全人格品质等具有重要的现实和长远意义。

对于活泼好动的小学生来说,放假在家,不能像在学校那样每天进行课外活动,在活动空间上是一个较大的限制。作为教师,如何帮助学生安排并管理好假期的学习与生活,保持学生的体能不下降,养成健康的生活方式与锻炼习惯,对学生的身心健康和成长都非常重要。同时,《北京市义务教育体育与健康考核评价方案》的发布,让越来越多的小学家长开始关注学生体质健康考核的相关内容。

如何帮助学生在假期回来后迅速恢复身体各项机能并在体质健康测试中取得好成绩,以及在体育课堂教学如何调动学生积极参与体育运动,这就需要学生假期在家继续坚持体育锻炼,提高自己的身体素质与免疫力,同时养成良好的运动习惯和健康的生活方式。

二、小学生假期体育锻炼的实践探索

(一)小学生体育"3+2+1"锻炼模式

从假期第一天开始,学校就布置了学生体育"3+2+1"锻炼模式,即每天必做三项运动、选做两项运动和一项冰雪运动健身操,其中必做三项运动内容分别是一分钟跳绳、一分钟仰卧起坐和坐位体前屈,这三项运动也是学生体质健康监测的必考内容。选做的两项运动是空竹操和武术操,还有作为冰雪运动特色学校自主创编的一套冰雪运动项目健身操(见图1)。

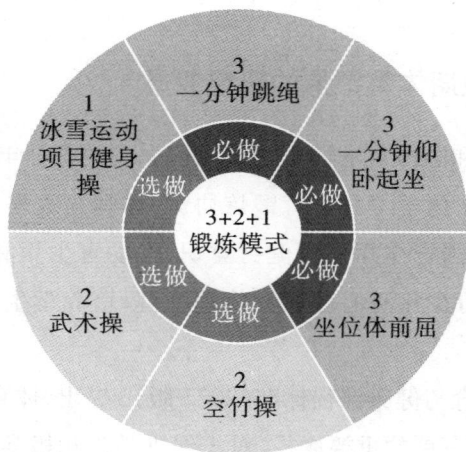

图1 "3+2+1"锻炼模式示意图

跳绳、仰卧起坐和坐位体前屈可以发展学生心肺功能、肌肉耐力、柔韧性、协调性、灵敏性和协调能力等,为落实新课标中体能学练奠定基础。

(二)假期体育锻炼模式的实施

为了让学生在假期每天坚持体育锻炼,养成好习惯,促进小学生全员运动,形成家庭运动锻炼氛围,学生以每天上传锻炼视频的形式在班级微信群中打卡。笔者负责学校六年级两个班的体育教学,首先把六年级的体育锻炼标准成绩和对应分数发到微信群中,让学生和家长有所了解,随后把每天必做的三项运动的动作要求和注意事项再次进行讲解和说明,并亲自示范,录制成视频或制作成图片让学生们学习,就这样假期锻炼开始了。随之而来问题也出现了,起初每个学生发视频的时候或多或少每个人都会出现一些问题,笔者会根据出现的问题集体进行说明和强调,或者一对一进行辅导。时间长了,学生的锻炼动作逐渐规范,每天也都适应了在群中打卡,但笔者感觉到他们每天锻炼的积极性不高,于是就想还是要运用评价来提高他们锻炼的积极性,对他们的表现及时给予肯定和鼓励,这样也避免了教学过程的乏味和枯燥。

通过假期每天记录和点评学生锻炼情况,开学后第一时间对学生在假期锻炼中的表现进行表扬与表彰,笔者将学生分为两大类:一是每天都坚持运动的"体育小达人";二是"进步之星",既保证了全员都有奖励,肯定了全体学生积极参与体育锻炼,又达到了对学生分层教学与评价的目的。

全校实施的"假期体育锻炼模式"可以适用于学生的每一个寒假、暑假甚至是周末,让学生养成终身体育锻炼的好习惯,保证他们每天的运动量。这也为笔者在小学生假期体育锻炼的实践探索与研究积累了经验,于是笔者通过评价来继续实施"假期体育锻炼"。

三、小学生假期体育锻炼的具体评价

(一)评价主体多元化,让学生客观看待自己

1. 学生自评

每天必做的三项运动:一分钟跳绳、一分钟仰卧起坐和坐位体前屈完成后需要将视频和照片上传到班级微信群中,上传后,学生还要结合学校"假期体育每日锻炼表"进行自评,根据本年级体育锻炼成绩标准将自己的成绩发到群中,明确自己的成绩,以及目前处于什么阶段,要不断朝着优秀等级努力,争取下一次锻炼成绩有所提高。

2. 学生互评

全班学生每人每天都会将自己锻炼的视频/照片和成绩发到群中,全班学生都可以看到,特别是动作规范优秀的学生还会进行展示,观看其他学生的锻炼视频/照片也是学生之间互相评价的过程,学生们平时也会在群中进

行交流和讨论,通过这种方式促进学生良性竞争,积极向上,不断努力。

3. 家长评价

学生刚开始锻炼时需要家长帮助学生录制视频和拍照上传到微信群,家长给孩子录像和拍照的过程也是对孩子参与体育运动进行辅导和督促的过程,确保学生体育运动落到实处。家长和学生一起完成体育锻炼,从监督到上报成绩的过程,实际上就是家长对自己孩子进行评价的过程,可以帮助孩子进步。选做的两项空竹操和武术操则鼓励家长与孩子一起进行锻炼,利用互动,提高体育锻炼的效果,使运动不流于形式,学生也容易体会到运动带来的快乐和成效。

4. 教师评价

学生每天上传锻炼视频与照片,教师进行"一对一"评价与指导,兼顾到每一位学生,进一步提高学生体育锻炼的积极性,逐步形成自主锻炼习惯。笔者对学生的评价分为四个等级:五颗星,代表优秀;四颗星,代表良好;三颗星,代表合格;两颗星,代表不合格,需要加油了。就这样,每位学生每天会得到一个星级评价和锻炼情况的评语。通过星级评价和评语及时对学生的锻炼情况给予反馈,总体以表扬鼓励为主,提高他们参与运动的积极性。开学后对累积星星数量最多的前十名学生颁发奖状,进行表彰。除了每天对每人进行评价外,还每周对班级做一个整体评价,这样两个班进行比较,接下来有针对性地进行指导。

(二)评价内容多维化,促进学生全面发展

线上体育锻炼不仅仅局限在完成体育运动的层面上,还要对学生参与态度、知识技能、意志品质等进行多方面的评价,充分发挥评价的激励与促进作用。通过学生自评、学生互评、家长评价、教师评价的方式为学生创造一个积极向上、勇于克服困难的良好氛围,帮助学生不断进步、增强自信心、提高学习兴趣,以及培养良好的锻炼习惯与健康的生活方式,进而通过每日体育锻炼,来促进学生的全面发展。

(三)评价方式多样化,调动学生参与积极性

1. 开展亲子运动项目比赛

选做的两项空竹操和武术操则鼓励家长与学生一起进行锻炼,通过开

展"我和爸妈比空竹(武术)"亲子运动项目,激发起学生的锻炼欲望。同时也增进了亲子间的交流与沟通,拉近父母与孩子之间的距离。

2. 开展线上 PK 赛

比如同年级单项运动对抗赛,每双数周进行跳绳和仰卧起坐比赛,激发和调动学生参与的积极性,公布每项年级排名前十的学生,开学后统一进行表彰。

3. 开展争做冰雪小达人、坐位体前屈比赛

教师将自己录制好的冰雪运动项目健身操视频和坐位体前屈照片发到群中,学生进行学习,通过"我与老师来比赛""我与同伴来比赛"等,评比出谁做的动作更优美、更规范,让大家进行学习,及时给予表扬。

四、小学生假期体育锻炼的效果与反思

(一)效果

通过在假期开展体育锻炼,学校 2021 年体质健康测试成绩比往年有了很大提高,全校参加体测人数 302 人,只有 2 人不及格,及格率为 99%,优秀率为 68%,并将经验做法在全区进行了交流分享,受到好评。

利用"假期体育锻炼模式"能够公正、客观地评价学生的表现,在这个过程中,学生得到的不仅仅是浓厚兴趣的培养、运动技能的提升、身体素质的增强,还有意志品质的锤炼,以及养成的良好的积极健康的生活方式,对学生的全面发展有很好的促进作用。同时,无论在学校还是在家,学生的综合素质都能够得以体现和彰显,逐渐引导学生从小树立健康第一的思想,不断增强体质,培养积极向上的健康心态,养成健康人格。

(二)反思

刚开始组织学生进行假期体育锻炼时还停留在鼓励、及时给学生评语阶段,后来通过多元评价方式,丰富了体育锻炼模式,让整个过程更完整更系统,也让学生们感到非常有趣并且愿意主动参加体育锻炼。假期体育锻炼的实施能够让教师了解和掌握每一位学生的身体素质和锻炼情况,并对每一位学生都有客观、准确的评价,这样也能够更好地有针对性地帮助他们

提高成绩。

　　小学生假期体育锻炼的实践研究有助于培养学生树立终身参与体育运动的观念，为可持续发展奠定基础。引导学生在假期也要保证合理作息，培养良好生活习惯，坚持体育锻炼，做到劳逸结合。学校、教师、家长和学生都要共同努力，履行教育职责，形成家校协同育人合力。除了培养学生良好的生活、学习和运动习惯，通过对小学生假期体育锻炼的实践与研究，也让教师更加明确和热爱自己的工作，让学生更加健康快乐地成长。

"双减"背景下,关注学困生,促进学生发展

■李 梦

一、学校开展学困生转化背景

中共中央办公厅、国务院办公厅印发的《关于进一步减轻义务教育阶段学生作业负担和校外培训负担的意见》提出:全面贯彻党的教育方针,落实立德树人根本任务,着眼建设高质量教育体系,强化学校教育主阵地作用,坚持学生为本、遵循教育规律,着眼学生身心健康成长,整体提升学校教育教学质量。

"双减"政策成为家长及社会各界关注的热点。作为学校,如何推进"双减"工作落实,让学生学习回归校园? 作为教师,如何科学合理做好作业设计,着力减轻学生课业负担? "双减"政策之下,家长又能做些什么呢? 北京市石景山区电厂路小学结合"双减"背景,依托学校办学理念,结合学校冬奥教育的"文化·情境"育人模式,从关注学困生入手,促进学生全面发展。

北京市石景山区电厂路小学的办学理念:"互·动"教育,激发成长动力。育人目标:互爱互助,自信自强,积蓄充沛的成长力量。办学目标:激发生命潜能的成长园地。我们希望让每个孩子按照身心发展的规律去自然地接受教育,让每一个生命个体尽情享受教育的灿烂阳光,自信地、快乐地、个性张扬地行走在自己的人生路上,走出不一样的人生! 让孩子们在人生的道路上学会主动、积极进取,学会自我反思、自我改进,不断成长进步,做更好的自己!

二、"双减"背景下,学校学困生的发现与转化措施

(一)摸清班级学生状况,发现学困生

目前学校有 12 个教学班,308 名学生,很多是外来务工人员子女,他们质朴、踏实、勇敢、友善,但是由于家庭等外部环境的影响,孩子们有些不好的生活和学习习惯,在班级管理方面需要加强组织和规范化。

学生来源和自幼受外界影响的复杂性,导致学校学生中有学困生的存在,他们成为学校教学质量提高的瓶颈。为牢固树立"面向全体、关注学困生,为每一个学生的终身发展负责"的教育观念,以"激发学生成长动力"为目标,学校开展了学困生的转化工作。

学校结合上学期期末语文、数学和英语三科的成绩,发现存在学科不及格的有 8 人,各班任课教师又根据本学科学生考试成绩、课堂表现、学习态度、学生潜能等综合表现确定学困生名单。我们发现,学生的智力、情感、行为习惯、性格、学习态度、自身的学习方法、来自家庭的教育方法乃至社会影响等都是导致学生学习困难的原因。在确定学困生名单后,我们开始思考学困生的转化措施。

(二)制定学困生的转化措施

1.加强教学过程管理,促进学困生的转化

教学中,我们贯彻"因材施教"的原则,对需要帮助的学生合理定标,分层分组,加强辅导,在教学的各个环节注重对学困生的关爱。我们建议教师做到"五个必须"。

第一,备课时必须对学困生的问题及对策进行充分的预设,授课前教师要摸清学困生相关知识储备,从学生的基础、能力和心理的实际情况出发,把学习起点放在学困生努力一下就可以达到的水平上。

第二,上课时必须让学困生提出问题。在实际教学过程中,优先提问学困生是对他们的相信和肯定。由于他们的基础和能力都比较差,所以教师设计问题时要讲究层次性,让学困生也能跟着老师的提问而积极思考。做到每节课提问学困生一次,保证学生能成功回答问题,激发学生的学习

动机。

第三,合作学习中必须让学困生发言。班级建立学生"一帮一"互助学习小组。合作学习中,让学习好的学生与学困生结成对子。这样的"一帮一"互助团队,能及时关注学困生的问题,帮助学困生答疑解惑。

第四,教师辅导点拨时必须解决学困生的困惑。无论从心理还是帮扶行动上,教师都应该用心走近学生,亲力亲为地了解学生对知识的掌握情况,及时填补知识漏洞,利用课余时间进行一对一专门辅导。

第五,教师设计作业时必须针对学习能力不同的学生分层次布置作业,并对学困生当面辅导。教师分层次布置作业,对学困生布置科学合理有效的作业;批改作业时,对学困生进行面批,多以引导和补习为主;多关注学困生的作业,记录每一天的作业成绩,以便做长期的比较。

2. 制订学困生帮扶计划,有针对性辅导

在确定学困生名单后,我们在逐个分析学困生原因的基础上,从学生实际情况出发帮助学困生制订学期进步计划,同时关注学困生优点、特长及培养措施。我们从班主任和任课教师出发,分别制订学困生帮扶计划表。

如班主任表格中,既关注学困生的优点、特长及培养措施,又关注学生的缺点、问题及具体描述。而学科教师表格中,重点分析学生在学科中的优势及原因,同时思考学生在本学科存在的问题。同时,两张表格都结合学校、家庭,从教师、家长、学生三方面共同制定改进措施,三者共同发挥其相应作用,有效促进学困生的转化(见表1、表2)。

表1 电厂路小学学生帮扶工作记录表(班主任用表)

负责教师：　　　　　　　　　　　　　　　年　月　日

班级		姓名	
学生情况(家长、学生一起填写)			
家庭住址		联系电话	
优点、特长及培养措施			
缺点、问题及具体描述			
	家　庭		学　校
改进措施(教师、家长、学生共同制定)			
效果评价			

表2　电厂路小学学生帮扶工作记录表(学科教师用表)

学科：　　　教师：　　　　　　　　　　年　月　日

班级		学生姓名		
学生情况(家长、学生一起填写)				
家庭住址			联系电话	
学科中的优势及原因分析				
本学科问题及具体描述				
	家　庭		学　校	
改进措施(教师、家长、学生共同制定)				
效果评价				

3.加强家校合作,随时掌握学生动态

学生的教育应该是家庭、学校、社会三位一体的全方位立体式教育。教师要想全面了解学生,就要了解学生的家庭情况,做到经常与家长联系沟通,随时全方位地了解学生才有利于对学生进行有的放矢的教育。

（1）定期召开家长会

学校每学期至少召开一次学困生家长会,向他们沟通子女在学校的表现及进步,提醒家长对孩子多激励、多引导、多关爱。家校携手,帮扶学困生制定转化策略,帮助孩子更好地成长。

（2）多种途径联系家长

学校任课教师经常与学生家长采用多种方式进行沟通:电话联系、短信联系、家校互访等。经常的联系使家校双方对学困生的情况能够及时了解并且针对学生的情况随时调整转化措施,采取更有效的策略。

（3）制定调查问卷

学校制定学困生学习习惯养成情况调查问卷,全面了解学困生在家的学习状态,对学困生学习目的、态度、习惯、兴趣、爱好、志向、家庭环境、生活环境等方面作全面调查、深入研究后才能"对症下药",促进学困生的转化。

学生学习习惯养成情况调查问卷

____班____同学家长:

您好!

为了帮助孩子更好地成长,让我们通过问卷,了解孩子的学习习惯养成情况,并诚挚地欢迎您来参加"家校协同,培养学生良好学习习惯"座谈会。

1.您是孩子的____。（主要负责学生教育的家长）

2.学期初,孩子是否有具体、明确的学习目标?

A.有　　　　　　　B.有目标但比较模糊　　　C.没有

3.为实现目标,是否制订了系统的学习计划?

A.认真做好计划　　　　B.想过,但没做计划

C.从没想过,顺其自然

4.对家庭作业的态度?

A.积极主动　　　　　B.一般　　　　　　C.监督完成

5.晚上时,孩子通常会:

A.先复习、巩固当天所学知识、做作业、预习新课

B.做作业、预习新课、复习、巩固当天所学知识

C. 做作业、看课外书

6. 每天晚上的英语听读训练时间是：

A. 每天 10 ~ 30 分钟　　B. 每周有 2 ~ 3 天　　　C. 基本没有

7. 在家学习时，通常是：

A. 专心学习　　　　　　　B. 边看电视边学习

C. 有学习，但心不在焉

8. 进入新年级后，您的孩子晚上在家做作业的时间一般为：

A. 0 ~ 1 小时　　　　　　B. 1 ~ 2 小时　　　　　　C. 更长

9. 在学校里，有整理课桌的习惯吗？

A. 有　　　　　　　　　　B. 很少整理　　　　　　　C. 从不整理

10. 孩子的房间里：

A. 有许多与学习有关的书

B. 有一些与学习有关的书，也有其他书籍

C. 没有

11. 是否喜欢课外阅读？

A. 喜欢　　　　　　　　　B. 一般　　　　　　　　　C. 不喜欢

每周的阅读时间大约是_____

12. 您每周陪伴孩子学习的时间是：

A. 几乎每天　　　　　　　B. 4 ~ 5 天　　　　　　　C. 1 ~ 3 天

13. 您了解的关于孩子对于听课中的问题，会：

A. 经常问老师或同学，共同研究探讨

B. 不敢问老师和同学，自己看书，懂就懂，不懂就算了

C. 不问也不看书

14. 孩子做作业遇到难题时的态度是：

A. 先独立思考，再请教别人

B. 请教别人后再完成

C. 懒得费神，一抄了之

15. 孩子的数学成绩在班上位于：

A. 上　　　　　　　　　　B. 中　　　　　　　　　　C. 下

16. 孩子的语文成绩在班上位于：

A. 上　　　　　　　B. 中　　　　　　　C. 下

17. 孩子的英语成绩在班上位于：

A. 上　　　　　　　B. 中　　　　　　　C. 下

18. 孩子的爱好、特长、优点和缺点分别是什么？

爱好和特长：＿＿＿＿＿＿＿＿＿＿＿＿＿＿＿＿＿＿

优点：＿＿＿＿＿＿＿＿＿＿＿＿＿＿＿＿＿＿＿＿＿

缺点：＿＿＿＿＿＿＿＿＿＿＿＿＿＿＿＿＿＿＿＿＿

19. 给老师的意见建议

A. 作业：

＿＿＿＿＿＿＿＿＿＿＿＿＿＿＿＿＿＿＿＿＿＿

B.

＿＿＿＿＿＿＿＿＿＿＿＿＿＿＿＿＿＿＿＿＿＿

C.

＿＿＿＿＿＿＿＿＿＿＿＿＿＿＿＿＿＿＿＿＿＿

三、"双减"背景下，学校开展学困生转化的效果

（一）促进教师育人能力提升

通过学困生转化过程的共同参与、共同学习，教师们增进了对于学困生转换的理解，形成关爱学困生的意识。教师能够换位思考，理解学困生形成的原因，尊重学生差异，因材施教，提升了育人能力。

（二）促进学困生发展

经过一段时间的帮扶，班内的学困生学习成绩有了很大起色，在基础知识的掌握上已经更加牢固，课堂上的参与度也有所提高，甚至主动举手回答问题，勇于挑战自己。他们的上进心增强了，对自己充满信心，与同学、老师的关系也融洽了很多，整个人的精神面貌有了很大改观。

（三）促进"双减"工作的落实

"双减"政策要推动校内教育提质、增效。通过关注学困生，制定转化措

施,可以实现对校内教育质量的精准把控、精准分析,及时发现教学问题,改进提升。

总之,作为教师,有职责教好每一个学生,帮助每一个学生实现自己的人生价值。对于学困生的转化工作势在必行,我们要从每个学困生的实际出发,采取生动活泼、灵活多样的教育方法,挖掘学困生成长的内驱动力,使他们健康成长。"双减"背景下关注学困生,我们也在不断尝试,后续我们会及时记录学困生的转化情况和反馈效果,在让"双减"政策落地落实的同时,更关注让学生有自我成长的收获。

"双减"背景下,小学高年级英语学困生转化的策略研究

■张 蕊

一、"学困生"转化的背景

《中共中央国务院关于深化教育改革全面推进素质教育的决定》中指出:"全面推进素质教育,要坚持面向全体学生,为学生的全面发展创造相应的条件,依法保障适龄儿童和青少年的基本权利,尊重学生身心发展特点和教育规律,使学生生动活泼、积极主动地得到发展。"《基础教育课程改革纲要》中也指出:"教师应尊重学生的人格,关注个体差异,满足不同学生的学习需要,创设能引导学生主动参与的教育环境,激发学生的学习积极性,培养学生掌握和运用知识的态度和能力,使每个学生都得到充分的发展。"《义务教育英语课程标准》明确指出,注重素质教育,面向全体学生,关注语言学习者的不同特点和个体差异。

中共中央办公厅、国务院办公厅印发的《关于进一步减轻义务教育阶段学生作业负担和校外培训负担的意见》提出:全面贯彻党的教育方针,落实立德树人根本任务,着眼建设高质量教育体系,强化学校教育主阵地作用,坚持学生为本、遵循教育规律,着眼学生身心健康成长,整体提升学校教育教学质量。

在日常教学工作中,学困生问题是广大教师、学校、家长颇感棘手的问题。学困生虽然在班级里人数不多,但影响很大,成为制约学校教学质量提高的一个因素。抓好对学困生的转化工作对于推进学校的素质教育,提高

教学质量,具有十分重要的现实意义。

二、文献研究

针对学困生转化研究,笔者查阅了大量文献。国内外学者对于学困生的概念界定,关于学困生的成因及特征,以及关于学困生的转化策略进行了大量研究。

（一）国外研究现状

1. 学习困难的界定

1989 年美国学习障碍联合会对学习困难定义为:"学习困难指一个异质群体在听、说、读、写、推理和数学能力的获得和运用上有明显的困难或障碍。"

2. 学习困难的成因

著名缺陷儿童心理学家鲁宾斯坦认为:智力发展落后的儿童没有大脑损伤,神经功能正常,只是由于新的语言环境,坏的习惯和嗜好,没有注意听讲,对教学不感兴趣,不愿意完成作业等,使得他们在智力上发展落后,但在适合的教育条件下,他们可以得到正常的发展。

教育学者巴班斯基对学习困难的原因进行了分析,他指出:学习困难的原因不外乎内因和外因。其中,内因是学生身心发展上的障碍,知识、技能和熟练的不足。外因包括两个方面,一是教学的缺陷,即教学及教育工作的缺陷,教育过程的组织与物质基础的缺陷,教学大纲、教科书和指导书的缺陷;二是包括家庭在内的校外影响的缺陷。

卡威发现,学习困难学生在回答阅读理解问题时不像一般学生那样使用有效策略;弗雷钦那和卡耐特发现一些学习困难学生尽管已获得解决文字题的技能,但他们从不在解题时主动、恰当地使用它们;加涅发现阅读困难学生在阅读时是逐字阅读,这样就会给短时记忆带来压力,他们不是根据句子的意群来阅读,这种"零碎加工"不能有效组织文章的信息,因而也造成他们知识背景的零乱。

3. 学困生转化的研究

美国学者对学习困难学生提出了很多有成效的教育措施。第一,设计个别教育计划。第二,为学习困难学生提供适当教育安置。美国学校根据学生的需要和学习困难的程度把教育环境分为普通班级、资源教室、分离班级、分离学校、看护机构、居留在家或医院六种,为学习困难学生设计了一个瀑布式的教育安置体系。第三,运用多样化的教学模式。教育者在教学中广泛运用直接教学、策略教学、诊断教学、任务分析等多种教学模式。这些教学模式侧重点各有不同,适用于不同年龄和不同类型的学习困难学生。

帝尔丝杜恩提出转化学困生的五个步骤:一是关注学困生优点和学习需求;二是确立学困生的学习优势;三是找到适合的教学策略;四是记录其进步情况;五是对学困生进行评价反馈。

(二)国内研究现状

钱在森(1995)认为:学困生是指智力正常,但学习效果低下,达不到国家规定的教学大纲要求的学生,这些学生的感官和智力正常,而学习效果远未达到教学目标。

上海华东师范大学的心理学者顾搭晔等提出,包括来自身心发展、认知水平在内的内部因素,以及来自家庭和社会交往的外部因素综合构成了学困生产生的原因。

中央教育科学研究所学者陈云英等,结合学生在各个学科学习过程中的实际表现,把学困生具体归纳为三种,即在语言的接受和表达方面有困难的学生,在阅读与书写方面有困难的学生,在数学的学习方面有困难的学生。

中国科学院心理研究所的张梅玲、牛卫华提到了如何实现学习困难者转化的问题。他们认为应该采取归因重塑、行为训练、榜样学习、加强学习动机以及提供更多的发展机会等措施来对学习困难者进行转化。

我国学者关于小学英语学困生进行了大量研究。郑惠卿从心理学层面分析英语学困生的心理机制,分别是行为缺乏、动力不足、消极防御、错误强化、主体迷失以及负面影响等。王宁借助分层教育的方式对英语学困生采取个性化教育策略,这有助于弥补学业基础缺口,使学困生获得成功的心理需求,而且将有助于让他们学得更好,学得有目标,日积月累,使他们有了摘掉"落后帽子"的可能,从而提高英语教学的质量和效果。

综上所述,国内外学者对学困生研究的角度很多。学者们的研究理论基础很丰富,但缺乏与具体学科结合的实践研究。本文旨在从小学高年级英语学困生的实际出发,致力于学困生转化的实践研究,力争在学困生转化方面做出新的探索。

三、学校高年级英语学困生的现状及成因分析

(一)学校高年级英语学困生的现状

五、六年级正处于义务教育的第二阶段(4—6年级),为了与初中良好衔接,高年级起到了非常重要的承上启下作用。这个阶段涉及的知识内容多,学习难度也有了明显的提升。以学校现在的六年级学生为例,英语学困生的现状如下。

1. 课堂表现

在英语课堂上,两名学困生注意力不集中,眼神木讷,对老师的指令无动于衷,反应比其他同学慢半拍,跟不上课堂学习节奏,往往同学们已经打开书开始朗读课文了,这两名同学的书还没有翻开,总是需要老师提醒。一名学困生基础薄弱,缺乏自信,回答问题声音小。在课堂上,另一名学困生的小动作特别多,坐姿不端正,一会儿靠在椅背上,一会儿翘起椅子腿。学困生的这些不良习惯直接影响着其课堂学习效率。

2. 考试情况

从五年级第一学期期末考试质量分析中可以看出,学困生的基础知识薄弱,教材中出现的短语和句子不认识,教材中出现的情景对话不熟悉,补全单词完成教材中的短文以及写出一个与所给单词同类的单词等基础类题目失分过多。这些基础题目大量失分,在一定程度上拉开了学困生与其他同学之间的差距。

3. 作业效果

有关抄写短语、句子等基础作业,学困生会出现潦草书写状况。另外,学困生会出现迟交、不交作业状况。往往需要老师主动找他们沟通作业完

成情况,督促他们及时完成课后作业。有关朗读、背诵作业,学困生很少主动找老师检查;有关语言知识练习作业,学困生的正确率不高。总之,六年级学困生完成学校作业拖沓,一般也不会积极提前预习学习内容。

(二)学校高年级英语"学困生"的成因分析

在和六年级几名英语学困生交谈中发现,他们都提到自己到了高年级就记不住英语单词,英语短文也看不懂,所以导致英语成绩开始下降。这几名学困生都缺少主动学习英语的动力,他们说因为英语课要考试,所以在英语教师和家长的要求下才被动学习英语,缺乏对英语课程的兴趣。有一名学生还提到虽然意识到英语的重要性,也下定决心好好学英语,但经过一段时间的努力,自己的英语成绩没有明显提高,就又放弃了。

四、学校高年级英语"学困生"转化的实施

(一)设计多种导入形式,提高学困生英语学习的兴趣

教育要考虑儿童的兴趣。强迫活动是违反心理学的,一切有成果的活动都要以兴趣为先决条件。同化是学习的根本,而兴趣是同化作用的重要动力。和成人一样,儿童的活动是受兴趣规律支配的。

《义务教育英语课程标准(2022 年版)》中提出,教师应合理开发和积极利用英语课程资源,如音像资料、教具、多媒体、网络资源等,设计生动活泼、互动性较强的语言学习活动,提高学生的学习兴趣和学习动机。因此,笔者日常收集了大量英语教学素材,包括动画、英文歌曲、原版绘本等。结合授课主题,在课堂初始环节,会选择内容或主题契合的英文歌曲或视频动画导入,活跃课堂氛围,激发学困生的兴趣。例如,讲授第二单元意外受伤就医话题时,以动画引入本课主题,即小猪佩奇和同学在操场做运动,佩奇不小心摔倒受伤的情境。生动的画面,简洁的语言,在上课伊始就调动起学困生的学习兴趣。

(二)加强课堂关注,提高学困生学习效率

学习一篇新对话,笔者经常以观察图片、预测对话内容、提问等形式引导学生理解对话,在这个过程中,把简单、事实性问题留给学困生回答。比

如,"Look at this picture.""Who are they?""Where are they?"。在理解对话的基础上,学生再跟读、自读对话。经过自己朗读,教师提供给学生发现问题,提出问题的机会。笔者经常会问学生"Do you have any problems?",鼓励学困生有问题就大胆提出来,老师和同学们会一起帮助他。在分角色朗读对话环节,笔者走下讲台,来到学困生身边,发现他们不会朗读或有发音错误时,及时给予帮助,让学困生时刻感受到自己是被重视、被关注的。

(三)设计多种活动形式,提高学困生课堂参与度

课堂上笔者设计了 Show time 环节,组织学生进行课本剧表演。为了让英语学困生也能参与其中,刚开始时点名表演,点到谁谁就表演。表演的内容不做统一要求,自己喜欢哪篇课文就表演哪一篇,哪怕只说三五句都行,只要敢张嘴,能够大声地说出来就行。这让学困生有了表演的热情,开始在课下积极地背课文,找搭档积极地排练。

课上我们开展小组竞赛活动,比拼记忆词汇。六年级上册学习的重要语法知识是一般过去时,学生们会接触大量的动词过去式。背诵不规则变化的动词过去式,对于学困生来说又是一大考验。所以,每节课会利用几分钟进行小组比赛,赛前每组学生准备一张纸,小组人员都聚在一起,接下来教师在黑板上写下一个单词,比如 did,学生们立刻反应出这是 do 的过去式。教师计时 1 分钟,在 1 分钟内比一比哪一组写的动词过去式最多,哪一组就获胜。要求每个人都要写,哪怕有的学生只能写出来一两个。带有竞争性质的游戏激发了学困生背单词的动力。

(四)布置分层作业,关注学困生的作业质量

分层作业设计形式符合新课程改革"以生为本"的教育理念。在设计作业时,教师根据学生的实际情况进行分层,以满足每个学生的需求。例如,在布置朗读课文作业时,对于大部分学生,教师要求能在正确朗读的基础上,用自己的话语转述课文内容;对于学困生,教师要求能正确朗读课文,回答简单问题,达到理解课文内容的目的。在设计抄写句型基础作业时,要求大部分学生运用句式功能,创编全新的对话;对于学困生,教师要求运用提供的关键词进行例句的替换,以达到巩固基础知识的目的。布置配音作业

时,针对学困生,选择语速稍慢、篇幅短的作品,降低学困生对配音作业的畏惧心理,提高了其完成英语作业的质量。

（五)点滴抓起,培养英语学困生的学习习惯

学习习惯决定了学生的英语学习质量,但大部分学困生没有养成良好的学习习惯,不能及时预习和复习。针对六年级这几名学困生,笔者专门建立了一个英语微信群,鼓励他们课后每天朗读一篇课文,发送语音至英语群。我们还组织了读英语打卡活动,每周评选一次连续7天打卡的学生,教师给予奖励,激励学生多读多说英语。授新课之前,布置预习任务,利用课间或午休时间,组织这几名学困生一起听录音,跟读新授课文,让他们学会预习。一方面通过预习找出与新课内容有关的旧知,让他们明确这些旧知识哪些还不懂,明确自己应该补什么。另一方面通过预习使他们对新授的内容有个大概的了解,减少了课上因为听不懂而浪费的时间。久而久之,这些学困生在英语课堂上感受到了成功的喜悦,会积极参与课堂互动活动,自己有了学习英语的动力。

五、学校高年级英语"学困生"转化的效果

一学期下来,学校英语学困生的转化工作取得了一定效果。课堂上,在同学和老师的帮助下,这几名学困生发生了明显的变化,他们敢于开口读英语,主动参与小组活动。以六年级第二学期期末成绩与第一学期期末成绩对比,学困生的成绩都有一定进步。特别是冯同学,由不及格考到了68分;朱同学成绩进步到优秀行列,他的成绩进步这么大,跟他上学期坚持每天读英语,每天默写单词的学习习惯分不开。

六、结语

小学英语高年级阶段出现学困生现象很正常。因此,教师在开展教学活动中要重视所有学生,特别要关注学困生的英语学习需求,及时为这些学生设置更灵活的学习内容和英语作业。

"教会、勤练、常赛"模式下每周一赛的实践研究

■ 丁　彼

一、"教会、勤练、常赛"模式下每周一赛的背景

2021年5月,教育部召开了全国中小学"五项管理"落实推进视频会,会议要求各中小学校认真学习贯彻教育部出台的关于加强中小学生作业、睡眠、手机、读物、体质等"五项管理"文件精神。

2021年4月19日,教育部办公厅颁布《关于进一步加强中小学生体质健康管理工作》的通知,文件提出,"各地要加强对学生体质健康重要性的宣传,中小学校要通过体育与健康课程、大课间、课外体育锻炼、体育竞赛、班团队活动、家校协同联动等多种形式加强教育引导,让家长和中小学生科学认识体质健康的影响因素,了解运动在增强体质、促进健康、预防肥胖与近视、锤炼意志、健全人格等方面的重要作用,提高学生体育与健康素养,增强体质健康管理的意识和能力"。

文件中还提出了"中小学校要聚焦'教会、勤练、常赛',让每位学生掌握1~2项运动技能……要组织开展'全员运动会''全员体育竞赛'等多种形式的活动,构建完善的'校内竞赛—校级联赛—选拔性竞赛'中小学体育竞赛体系"。

作为全国学校体育工作示范学校、北京市冰雪特色学校、非物质文化遗产项目(空竹)特色学校,全校学生有一定的体育运动基础,基于文件要求的提出,学校具有开展"教会、勤练、常赛"模式下全员参与每周一赛的独特

优势。

学校作为全国奥林匹克教育示范学校,将认真落实"教会、勤练、常赛"模式下每周一赛活动与奥林匹克教育相结合,保证全员参与,在此过程中磨炼意志,健全人格,促进学校学生健康快乐成长。

二、"教会、勤练、常赛"模式下每周一赛的意义

(一)每周一赛的意义

1. 树立健康第一的教育理念

总结开展学校体育工作的经验,进一步完善体育在青少年身体健康中的地位和作用,把体育的职责"放大",同时不能只关注有特长、有体育天赋的学生,要做到让每周一赛全员参与,一个不落。

2. 学校体育要做到"教会、勤练、常赛"

要实现学校体育在全面育人中的价值。在体育课上首先要教会学生健康知识、基本运动技能和专项运动技能。其次,体育课将一半以上时间用于学生练习,合理安排练习密度,科学定位运动强度;开展好大课间、课外活动和家庭体育锻炼,弥补课上练习之不足。最后,要充分满足学生运动需求。经常开展比赛活动,做到教学比赛课课有,运动竞赛常常在,周周、月月、季季、年年有比赛。

(二)"教会、勤练、常赛"模式下每周一赛对学生发展的意义

1. 培养健康的生活方式与习惯

通过学校举行的每周一赛活动,让学生更多地参与体育运动,同时在运动中享受乐趣,在运动中掌握更多的运动技能,并且提高身体素质,使之成为他们终身受益的生活方式和生活习惯,从而促进身心健康发展。

2. 培养参与、竞争的意识和集体主义精神

只有真正参与比赛,学生才能体会输赢,体会集体的意义,达到体育竞赛活动的育人价值。通过每周一赛的开展,使学生学会欣赏他人的优点、查找自己的不足,并接受挫折教育。

3. 培养良好的体育品德

学生在参与每周一赛的过程中,发出内心地呐喊,为班级而战,为年级

而战,坚忍的意志已经深埋在学生的心中,在为团队努力争得荣誉的同时也锤炼了学生的意志品质,使学生在竞赛氛围激励下和竞赛规则约束下,逐步形成习惯化的行为规范,养成良好的体育品德。

4. 培养后备力量

利用每周一赛选拔运动技能出色的学生,让学校与区队、市队、国家队有机衔接,纳入竞技体育后备人才培养序列,推动学生文化学习和体育锻炼协调发展。

三、"教会、勤练、常赛"模式下的实施

(一)目标

①建构完善每周一赛模式,系统化设计、实施,做到全员参与,形成良好的体育文化氛围。

②将每周一赛的开展与健康第一、培育核心素养、感悟体育运动精神相结合,发挥体育育人功能,"五育并举"促进学生全面发展。

(二)实践研究

学校根据实际情况,结合民族传统文化以及学校体育特色来精心设计不同类型的每周一赛,利用每周五课间操时间统一组织。全校教师全部参与到活动中来,做好学生的安全、后勤等保障。体育教师利用平时体育课教会全班学生每周一赛的比赛规则和内容,让学生既在课上练习也可以利用课外体育活动和课余时间来练习,做到全员参与,一个不落。

1. 每周一赛,比赛类型多种多样

每周一赛比赛类型分为常规体育类、传统体育类和特色体育类。

(1)常规体育类

常规体育类比赛项目分为接力跑单项比赛、持实心球(1~3个)接力跑比赛、篮球运球接力赛、足球带球接力赛和冬奥火炬传递接力赛等(见表1)。

表1 常规体育类比赛项目

比赛项目	比赛形式	器材和场地
接力跑单项比赛	以班级为单位,同年级进行比赛。每人依次从出发点起跑绕终点标志杆进行往返。最后一人返回后第一个人高举手臂判定获胜,积1分	器材:标志杆 场地:操场
持实心球(1~3个)接力跑比赛	以班级为单位,同年级进行比赛。每人依次从出发点持实心球起跑绕终点标志杆进行往返。最后一人返回后将实心球交给第一个人接住判定获胜,积1分(其中低年级持1个实心球;中年级持2个;高年级持3个)	器材:实心球、标志杆 场地:操场
篮球运球接力赛	以班级为单位,同年级进行比赛。每人依次从出发点手持篮球运球绕过标志物后抱球返回。率先完成的班级积1分。其中低年级进行直线运球不绕标志物;中年级绕1个;高年级绕2个返回(随着年级的升高比赛距离变长)	器材:篮球、标志桶 场地:操场
足球带球接力赛	以班级为单位,同年级进行比赛。每人依次从出发点踢足球绕过标志物后返回。率先完成的班级积1分。其中低年级进行直线踢球不绕标志物;中年级绕1个;高年级绕2个返回(随着年级的升高比赛距离变长)	器材:足球、标志桶 场地:操场
冬奥火炬传递接力赛	以班级为单位,同年级进行比赛。每人依次从出发点手持自制冬奥火炬绕终点标志杆进行往返。最后一人返回后将火炬传给第一个人高举火炬判定获胜,积1分	器材:学生自制冬奥火炬模型、标志杆 场地:操场

(2)传统体育类

传统体育类比赛项目分为旱地龙舟赛,武术操、功夫扇集体展示,空竹操集体展示,拔河单项比赛,等等(见表2)。

(3)特色体育类(冰雪)

特色体育类(冰雪)比赛项目分为旱地冰球运球接力赛、旱地雪车接力赛(自主研发)、旱地冰壶投掷赛等(见表3)。

表2　传统体育类比赛项目

比赛项目	比赛形式	器材和场地
旱地龙舟赛	每个龙舟坐8人,8人骑在龙舟上双手抓住把手,双脚向前跑动。每个班级分成男生队和女生队,分别进行比赛,从指定地点出发,龙头率先碰到终点线的队伍获胜,积1分(分成低、中、高年级,随着年级的升高比赛距离变长)	器材:充气龙舟 场地:操场
武术操、功夫扇集体展示	以班级为单位,集体展示。其中低年级进行武术操比赛,中、高年级进行武术操和功夫扇比赛,裁判对班级进行打分	器材:武术扇 场地:操场
空竹操集体展示	以班级为单位,集体展示。每班依次进行学校空竹操比赛,裁判对班级进行打分	器材:空竹 场地:操场
拔河单项比赛	以班级为单位,同年级两个班进行拔河(两班人数不相同的班级补教师参加),三局两胜	器材:拔河绳 场地:操场

表3　特色体育类(冰雪)比赛项目

比赛项目	比赛形式	器材和场地
旱地冰球运球接力赛	以班级为单位,同年级进行比赛。每人依次从出发点持旱地冰球杆运球绕过标志物后返回。率先完成的班级积1分。其中低年级进行直线运球不绕标志物;中年级绕1个;高年级绕2个返回(随着年级的升高比赛距离变长)	器材:旱地冰球杆、旱地冰球、标志桶 场地:操场
旱地雪车接力赛(自主研发)	以班级为单位,同年级进行比赛。每人依次从出发点趴在学校自制的旱地雪车上出发,上肢发力使雪车向前滑行至终点返回。率先完成的班级积1分(随着年级的升高比赛距离变长)	器材:旱地雪车、手套 场地:操场
旱地冰壶投掷赛	以班级为单位,同年级进行比赛。每人依次从投掷点持旱地冰壶进行投掷,投掷到不同区域判定相应分值,每人分数相加,高分的组获胜,积1分	器材:旱地冰壶、旱地冰壶毯 场地:操场

2.每周一赛,体育文化氛围浓厚

全员比赛,全员加油助威。学校共有6个年级12个班,将全校分为两个大组,所有年级的(1)班为一个大组,所有年级的(2)班为另一个大组,两组进行比赛,最后算总得分。因此每周一赛不仅全员参与,还是一个大集体的荣誉,通过团队意识激励学生不仅要为自己班级加油,还要为其他年级的同学加油呐喊。

与冬奥元素相结合。学校是"冰雪特色校",冬奥教育氛围也十分浓厚,为传播冬奥知识,弘扬冬奥精神,学校把每周一赛与冬奥教育相结合,把冬奥吉祥物"冰墩墩"和"雪容融"引入每周一赛当中去,把学校的两个大组分为"冰墩墩"队和"雪容融"队,这样在开展比赛时,可以提高学生们参与的兴趣,让他们更加期待每周一赛,在冬奥文化的引领下,为自己所在的队伍争得荣誉。

激发运动情绪。通过每周一赛这种形式,调动了所有学生参与体育运动的积极性,学生们加油时的高声呐喊、运动流汗,包括输掉比赛时失落的泪水,这些运动情绪都能促使学生努力付出,重视集体,团结友爱。同时,这种集体意识又感染着每一个学生,知道要努力为自己所在的队伍争光,也激励了学生课下能够主动练习,互帮互助,共同进步。

（三）评价

每周一赛——"小小冬奥组委"日常评价。学校通过"小小冬奥组委"体育部、奥林匹克教育部来对学生每周一赛情况进行评价;每周的比赛成绩和结果在周一升旗仪式的荣誉时刻进行总结和表彰,从"小小冬奥组委"主席开始,再到各个部门的部长、副部长依次上台总结汇报比赛情况,学校通过发放"团体总分第一名"和"最佳风尚奖"或"精神文明奖"大奖状对班级予以表彰。

每周一赛——综合素质表彰评价。学校每个学期期末都会进行学生个人综合素质评价表彰会,为每位学生颁发不同内容的评价证书。针对每周一赛,学校特别印制了"体育运动小达人""体育锻炼小明星"等表彰证书。

每周一赛——"七彩成长币"评价。学校设计了学生奥林匹克养成教育"七彩成长币",成长币为七种单色卡片,代表着学校奥林匹克教育文化理念的不同方面,红（规则）、橙（友谊）、黄（责任）、绿（尊重）、青（合作）、蓝（超越)、紫(拼搏),班主任可对学生参与每周一赛的表现给予奖励。学期末,学校会统计学生七彩成长币获得情况,并统一进行表扬和奖励。

四、结语

学校通过多种多样的比赛形式、浓厚的文化氛围以及完善的评价体系等实施方式,使全校学生能够做到积极参与每周一赛的体育比赛活动,既充分发挥了竞赛的育人价值,又落实了"教会、勤练、常赛"。利用体育课和大课间组织丰富多彩、灵活多样的竞赛活动,可以使学生充分体验体育运动的乐趣与魅力,有助于学生学习、巩固和运用运动技能,增强学生体质,还能促进学生体育品德的形成和发展。同时也探索出了"教会、勤练、常赛"模式下每周一赛的实践方式,为今后常态化开展全员参与体育每周一赛活动提供了丰富的实践经验。

第七篇　课后服务探索研究

基于主题式实践活动的课后服务设计与实施

■ 杨 薇

一、研究背景

2021年7月24日,中共中央办公厅、国务院办公厅印发《关于进一步减轻义务教育阶段学生作业负担和校外培训负担的意见》(以下简称《意见》)中指出,"保证课后服务时间。学校要充分利用资源优势,有效实施各种课后育人活动,在校内满足学生多样化学习需求。引导学生自愿参加课后服务""提高课后服务质量。学校要制定课后服务实施方案,增强课后服务的吸引力。……为学有余力的学生拓展学习空间,开展丰富多彩的科普、文体、艺术、劳动、阅读、兴趣小组及社团活动"。

从文件精神可知,学校要充分挖掘自身资源,为学生提供多种课后服务"菜单",教师需要坚持以立德树人为根本任务,以培育学生核心素养为目标,以培养学生兴趣爱好为方向,构建符合学生年龄特点的课后服务课程。

小学生的学习兴趣日趋广泛,对事物的深层因素充满好奇,愿意主动探究,并且有丰富的想象和独特的视角;中高年级已经初步具备了从互联网、书籍上搜集处理信息的能力。基于学生现有特点和能力,如何利用课后服务时间提高学生的学习兴趣,发挥课后服务育人功能是我们需要着重思考的问题。

课程质量决定课后服务育人效果,打造优质课后服务课程是课后服务的重要环节。主题式学习可以结合学生的实际生活,活动内容具有开放性,可以根据学校资源和学生兴趣设计不同的活动主题,根据学生年龄特点形成体系化课程,提高课后服务质量。

二、以主题式实践活动为载体开展小学课后服务的设计原则

主题式实践活动的特点是源于生活和综合运用。根据《意见》内容,学校在设计课后服务内容时要以发挥学校现有资源优势、满足学生兴趣、培育学生核心素养为原则,因此,基于主题式实践活动的课后服务内容设计应该遵循以下几个原则。

(一)趣味性

课后服务的目的是减轻学生的负担,为学生提供优质课程资源,因此课后服务中的主题式实践活动要基于学生已有经验和兴趣专长,以学生感兴趣的内容为主,激发学生参加课后服务的兴趣。

(二)综合性

课后服务不同于学科教学,不应专注于某一类知识的讲解,而应以学生的综合素养提升作为目标,课程设计时应统筹规划,考虑课程内容的综合性和完整性。

(三)实践性

基于主题式实践活动的课后服务要以实践为主要活动方式,活动内容要具有开放性,让学生在实践中体验、感悟,在实践中发现新的问题,又带着新问题去探索,获得更深的体验和收获。

三、以主题式实践活动为载体开展小学课后服务的设计思路

《意见》第9条指出,"学校要充分利用资源优势,有效实施各种课后育人活动,在校内满足学生多样化学习需求"。根据意见要求,课后服务不是托管学生那样的基本要求,而是学校提供的一种"育人活动",此育人活动要能够满足学生的学习需求。那么学生的学习需求是什么呢?通过对本校学生进行调查,发现83.7%的学生更喜欢参加文体类的实践活动,43.5%的学生愿意参加科技类实践活动。也就是说,对于小学生来说,他们更愿意在课

后服务时间多参加实践活动,而不只是教室内的学习指导。对于小学生来说,学业压力没那么大,多参加实践活动能够激发学生参与课后服务的兴趣,也能够在活动过程中提高学生合作交流、解决问题的能力。

因此,学校要充分结合本校资源,开发基于主题式实践活动的课后服务。比如学校办学理念为"互·动"教育,激发成长动力,希望学生在学校生活中能够互助互爱,自信自强,积蓄充沛的成长力量。2015 年,学校结合北京冬奥会申办成功的契机和冬奥组委离学校较近的有利资源,开设了冰雪主题实践活动,以冰雪运动为主线,构建了丰富多彩的冰雪实践活动(具体见表1)。学生对于冰雪运动的兴趣极为浓厚,课后服务设计就以冰雪课程为主要内容,根据学生年龄的特点和能力,每个年级设计一个冰雪主题实践活动。低年级学生年龄较小,选择可以在校内真冰冰壶馆开展冰壶相关活动,活动具有趣味性、实践性,符合低年级的年龄特点;高年级学生在校内实践的基础上增加了首钢园区的活动,引导学生关注身边的事物,激发学生对问题的思考、对资料搜集与整理能力的提升,以小主人的身份为家乡的建设出谋划策,增加学生的社会责任感。活动开展时间主要集中在课后服务时间,通过多学科联动、课上课下结合等多种方式实施。

表1　学校开发的基于冰雪主题实践活动的课后服务

年级	主题	主要内容	涉及学科
一年级	冰壶运动员初体验	学习冰壶运动的基本方法,尝试进行冰壶运动,感受冰壶运动员训练的辛苦,体会每个职业都是不容易的	体育、语文、数学、道德与法治、美术
二年级	我是小小冰壶裁判员	了解冰壶运动比赛规则,尝试着作为冰壶裁判员参与学校冰壶比赛,体会敬业精神	体育、语文、数学、道德与法治、劳动

续表1

年级	主题	主要内容	涉及学科
三年级	神秘的制冰师	通过了解制冰的基本方法,尝试制冰实验,了解制冰师的工作内容,能够按时维护学校冰壶馆的冰面,养成认真负责的好习惯	体育、语文、数学、道德与法治、科学、劳动
四年级	中国冰雪文化初探究	通过查资料了解中国冰雪运动历史,能够通过小组合作的方式对资料进行梳理和介绍,选择自己喜欢的方式宣传中国传统冰雪文化	语文、道德与法治、劳动、美术、体育、信息
五年级	首钢无人车设计	了解无人车的基本原理,能够通过调查梳理出需求,根据需求设计适合在首钢运行的无人车	语文、道德与法治、劳动、美术、科学
六年级	制作首钢攻略手册	了解攻略手册的组成,能够根据需求收集资料,对资料进行整理和筛选,绘制出首钢攻略手册	语文、道德与法治、劳动、美术、数学、信息

四、以主题式实践活动为载体开展小学课后服务的实施阶段与策略

(一)实施"三阶段"

基于主题式实践活动的课后服务主要分为准备阶段、实践阶段和展示阶段三部分。

1. 准备阶段

学生需要根据活动主题进行"头脑风暴",提出感兴趣的问题,再对问题进行讨论梳理,合并重复的问题,去掉缺少探究价值和无法操作的问题,最终形成探究小主题。对同一探究小主题感兴趣的学生分为一组,组内进行分工,初步确定小组长、记录员、汇报员等,组员在组长的带领下完成。比如

高年级学生在制作首钢攻略手册主题活动时,通过思考确定了制作首钢美食、古建筑遗迹、工业遗迹和冬奥场馆这四个主题攻略手册,其中美食组的学生不仅确定了分工,还把"头脑风暴"这种方法运用到实践前的讨论中,确定了本组要搜集的资料包括首钢园内美食的分类、位置、照片和各餐厅的推荐菜等,为下一步行动确定了方向。

2. 实践阶段

实践活动一般包含了调查访问、实地考察、设计制作、职业体验等方式,根据确定的方案选择合适的实践活动。在此过程中,教师多观察学生的动态,及时给予方法的指导,如调查问卷的设计、采访问题的设计、设计制作的方法等。

3. 展示阶段

实践是把知识应用于实际生活,展示是把自己的设计给他人讲明白;实践是吸收外界能量,展示是与外界交流。实践和展示是相辅相成的,学生既要有想法,又要敢表达。在展示部分,鼓励各个小组全员参与汇报,各小组可根据组员的内容和意愿安排汇报内容的多少。站在众人面前讲话是一种勇气,胆子较小的学生在同伴的陪同下讲解,可以有一定的心理安慰,在表达过后得到正向反馈更能够提高学生的勇气。展示环节既是分享相互的想法,也是锻炼学生语言表达能力的关键时刻。

（二）实施"三路径"

1. 课内课外融合

基于主题式实践活动的课后服务并不是单独一门学科,而是要依托学科知识开展活动,学生在活动过程中要结合课内外知识,应用于解决问题。因此,各年级主题确定后,会梳理主题活动中的关键知识点,与学科课堂结合。比如,"神秘的制冰师"这一主题活动会有制冰实验活动,让学生设计制冰方案,并根据方案完成制冰,这就需要运用到科学课"水的三种形态的知识"。科学教师会在这节课上引导学生思考如何让水从液体变成固体,学生先设计出合理的方案,如果学生设计通过酒精挥发降温的方式,就可在课后服务时间进行实验;如果是通过冰箱对水进行降温,就可以在家中完成。

2. 线上线下融合

实践活动本身就是从学生的真实生活和发展需求出发,从生活情景中发现问题,转化为活动主题,通过探究、服务、制作、体验等方式,培养学生综合素养的跨学科实践性课程。新时代的特点就是先进的科学技术让生活、交流和学习变得更加便捷,学生在周围环境的熏陶中对网络世界接触得越来越早,信息技术应用也越来越多。中国学生发展核心素养提出 18 个基本要点包含了培养学生的信息意识,让学生能够主动适应"互联网+"等社会信息化发展趋势,利用互联网资源,进行更加有效的学习活动,因此把信息技术融入课后服务中,让学生通过线上自主学习和线下实践探究相结合的模式开展活动,不仅能够让活动开展得更加顺利,也顺应了时代的特点,为培养新时代的社会主义建设者和接班人做准备。在线上线下结合的模式中,线上教学以学生自主学习为主,小组长召集组员进行线上讨论、查找资料、视频制作、汇报准备等内容,线下教学以动手实践为主,包含了确定主题、分成小组、整理资料、实地考察等内容。

比如《首钢里的无人车》一课,学生需要先搜集资料了解无人车的基本原理,因为无人车属于新科技,资料中有许多专业名词,学生独自理解起来较为困难,如果拿到学校讨论的话,遇到不理解的词语又很难及时查询,所以搜集资料这部分活动时,由组长组织组员约定好时间在线上完成,学生可以搜集资料和讨论同时进行,提高学生小组活动的效率。

3. 多学科融合

课后服务课程是基于主题实施的,学生在活动过程中会运用多学科知识,不同学科教师在学生实践过程中要给予相应的指导。比如在"制作首钢攻略手册"主题活动中,学生需要把景点资料进行改写,这就需要运用语文学科知识,语文教师就可以指导学生如何把资料改写成导游词;在绘图过程中,艺术字的设计、插图的选择和颜色的搭配都需要美术教师给予指导;有的小组选择镂空版面设计,就需要劳动教师指导学生设计、剪刻漂亮的建筑物等。总而言之,在一个主题活动中包含多学科知识与技术,学校可以统筹规划,合理安排不同学科知识的指导。

(三)设计"三单"工具

学习单是学生进行自主探究的重要工具,也是学生探究活动的脚手架,一个好的学习单设计能够为学生搭建台阶,让学生顺着学习单进行一步步的学习,因此,学习单包括准备单、探究单和延伸单。

准备单包括学生实践前的知识准备、技能准备和探究方案准备,比如查阅相关资料,了解冰壶比赛的基本规则,或者是对主题的探究计划等。

探究单是实践过程中应用的学习单,可以是采访、调查方案记录单,也可以是实验计划单,还可以是实践活动记录单,比如周末前往首钢园区调查无人车时,可以在考察的过程中完成学习单的填写;制冰实验时记录数据,包括冰形成的时间、不同温度下水的形态变化等。

延伸单是对主题学习完成后的延伸活动的思考与记录,包括制冰师活动中的维护学校冰壶馆记录单、小组根据探究结果设计宣传方案等。

教师在设计学习单时应该以引导性任务为主,比如在神秘的制冰师主题学习单中,第一个问题就是引导学生回忆冰壶场的冰面,把学生的思考引导到冰壶赛道冰面与普通冰面的区别,激发学生探究的兴趣。如果是高年级学生,也可以放手让小组围绕本组负责主题进行学习单的设计,为下一步活动的开展提前进行有目的的规划,避免活动过程中的无用功,也能在设计中提高学生自我管理能力。

"三单"的设计既可以是提前准备好的,也可以在实践中随时补充调整。通过"三单"的设计帮助学生掌握探索的重点和难点,提高学生问题解决的能力。

神秘的制冰师

你观察过冰壶场的冰面吗?

1. 当你走在冰面上,你有什么感受? 手摸一摸冰面,有什么发现?

2. 刘博强是北京首钢园运动中心运营管理有限公司第一代制冰工,你对他了解吗? 可以通过什么方式了解呢?

我可以上网查阅资料或采访一下刘博强叔叔。

<table>
<tr><td colspan="2" align="center">了解制冰师刘博强活动</td></tr>
<tr><td>活动方式</td><td></td></tr>
<tr><td>活动内容</td><td></td></tr>
<tr><td>活动步骤</td><td></td></tr>
<tr><td>活动结果</td><td></td></tr>
</table>

3. 通过对刘博强叔叔的了解,你对制冰师这个职业有了更多的认识吗?

4.在本次学习中,你有哪些收获? 你还想了解关于制冰师的哪些内容?

五、实施效果

(一)提高了学生问题解决能力

基于主题式实践活动的课后服务,关注学生实际生活中的问题。活动过程也是不断提出问题、不断解决问题,在这个过程中,学生经历了多种类型的问题,比如,面对读不懂的资料怎么办? 小组讨论时出现分歧怎么办? 成果展示时不敢表达怎么办? 主题式实践活动为学生提供了遇到问题、解决问题的机会,能够根据实际情况科学分析,选择合适的解决方案。

(二)促进了学生学科核心素养的形成

课后服务设计时采用多学科融合的策略,引导学生主动应用学科知识解决实际问题,帮助学生把学科技能转化为自身经验。在实践的过程中,不仅提高了学生问题解决能力,更加深了学生对于学科的理解与应用,促进学生学科核心素养的形成。比如线上线下结合的方式把信息技术和互联网资源串联其中,让学生能够掌握有效获取、评估和使用信息的能力,面对互联网上大量的资料能够进行筛选和整理。学习更多信息技术,比如摄影、后期制作、照片处理等技术,能够选择合适的工具完成活动任务。在线上活动时,教师要引导学生安全、文明使用互联网,提高学生的信息素养。

(三)提高了教师课程开发意识

在课后服务开展主题式实践活动,能够激发教师对于课程的设计能力。教师可以结合学生兴趣和发展需求自主开发课程,课后服务的时间、空间与学科课程相比较为宽泛,教师可发挥的空间较大,在服务过程中不断摸索、不断研究,开发出更多学生喜欢的课后服务课程,不仅能够提高课后服务质量,又能有效提高教师课程开发的意识。

　　总而言之,在课后服务中开展主题式实践活动,要关注学生的兴趣和发展需求,结合学校的资料,通过有趣的、系统的、开放的课后服务设计,不仅能激发学生学习的兴趣,更能够提高学生解决问题的能力,促进学生综合素养的形成,提高学生课后服务质量。

劳动教育视角下植物栽培活动实践的研究

■ 刘红军

劳动教育是立德树人的重要途径,也是当前学校落实"双减"工作的重要抓手。利用课后服务时间组织学生参加植物栽培活动,学生通过亲手栽培植物,观察植物从种子萌发到开花结果的全过程,体验劳动是辛苦的,劳动带来的苦与乐。劳动教育使学生树立正确的劳动观念和劳动态度,热爱劳动,尊重劳动人民,养成良好的劳动习惯。

一、问题的提出

植物栽培活动分为两个部分:一部分学生在学校种植箱里种植,一部分学生在家里的小花盆里种植。二年级的学生是 7～8 岁的年龄,每日没有家庭书写作业,为了丰富孩子们的课后活动内容,笔者特意组织二年级学生参加植物栽培活动,同时参加"北京市中小学生植物栽培大赛"活动。笔者选购了一些植物种子,学生自己准备花盆和土。学生在进行种植、观察、记录和管理的同时,激发对科学的学习兴趣,提高科学素养,培养并养成做事细心和持之以恒的好习惯,在栽培实践中体会到动手参与的快乐。

二、劳动教育实践过程

(一)前期工作

1. 栽培前调查

笔者对二年级学生栽培植物的情况进行调查,只有5%的学生栽培过植物,但基本都是家长管理植物,自己没有管理过植物,但对栽培活动感兴趣。

2. 人员确定

笔者对二年级学生进行了栽培实践活动的动员,激发了学生的栽培热情。在师生双向选择的基础上,确定了40名学生参加植物栽培实践活动。

3. 栽培培训

2022年4月初,笔者利用课外服务时间组织学生进行栽培实践活动培训。

(1)栽培方法培训

笔者结合视频资料对学生进行栽培方法的培训。植物不同的生长时期需水量不同。注意:浇水时要防止盆内积水,否则造成落叶、落花、落果。"见干见湿",不干不浇,浇要浇透。

(2)网络填写观察记录培训

①笔者在"北京市中小学生植物栽培大赛"网站给学生进行注册,学生登录网站先选择自己栽培植物的种类,并记录植物的生长过程。学生用自己的ID号登录,进入网站修改初始密码。

②学生除了每天认真栽培管理,还要认真观察记录,并且拍照片。学生将植物生长每个阶段拍摄的照片上传到网站上,最后写出自己的栽培总结。

(二)栽培实践活动

1. 学生挑选种子

为了组织学生参加植物栽培实践活动,学校准备了矮番茄、凤仙花、矮向日葵、百日草、五彩椒等种子。学生们有的喜欢小番茄的果实,有的喜欢向日葵的花……学生根据自己的喜好每人选择一种种子,挑选颗粒饱满、无虫眼的种子3~5粒,用纸包好,包装纸表面写清楚植物种子的名称。

2. 学生栽培过程

本次栽培活动,学校没有买花盆和土壤,建议学生可以用自己家的旧花盆,也可以用一次性餐盒、大的酸奶盒、泡沫箱等做容器,家长带着学生搜集一些土壤。这样既节省了开支,又废物利用,保护环境。虽然没有新花盆,但是也挡不住学生热爱劳动的热情。学生回到家,利用废旧花盆进行播种。

他们请父母帮忙拍照,记录下播种照片。

学校室外有十几个种植箱,教师利用课外活动时间,指导学生使用劳动工具,进行植物栽培实践活动。孩子们用锄头松土、用小铲子挖出小坑,双手捧着植物幼苗放进坑里,有的孩子带上一次性手套来培土,还有的学生用矿泉水瓶接自来水浇水。

播种后,学生经常会问:你们的种子发芽了吗? 学生们时常凑到老师身边,讲述他们的种子发芽了,长出了几片小叶子,给植物做了小标签……你一言我一语,开心得手舞足蹈。

(三)网站管理

指导教师在"北京市中小学生植物栽培大赛"网站给学生注册了信息,方便学生用照片和文字记录植物的生长过程,也方便教师监控学生的种植过程。学生用自己的用户名和密码登录网站,首先选择自己种植的植物,然后在播种、发芽、长叶、开花、结果的每个环节上传相应的图片和文字,利用图文并茂的形式记录植物生长的过程,最后写一篇植物栽培活动体会。

三、栽培实践的成果

经过几个月的植物栽培活动,孩子们通过辛勤的劳动,记录下自己的劳动成果。

(一)学生学会了植物栽培的方法步骤

学生选择合适的容器,利用废旧物品如泡沫箱、一次性餐盒、旧花盆等,放入适量的土,挖一个 1~2 厘米的小坑,每个小坑里放 2~3 粒种子,用土覆盖,然后喷上水。种子发芽前,可以用塑料袋包起来。植物发芽后,去掉塑料袋。植物长几片叶子后,一个位置保留一棵幼苗。一般 1~2 天浇一次水,最好早晨或者晚上浇水。

(二)学生体会到植物栽培实践活动带来的乐趣

学生经亲自参与植物栽培实践活动,目睹了植物的一生:播种、发芽、长叶、开花、结果等阶段。植物栽培实践活动丰富了学生的课余生活,绿植可以绿化美化环境,净化空气,果实成熟了,他们还能品尝到自己亲手种植的

果实,给学生们的居家学习生活增添了几分乐趣,还有学生写了种植日记:

当我打开,看到是黑珍珠番茄时我的心都快跳出来了,怎么番茄还有黑色的?老师还说能吃,好神奇啊!我越想越觉得好玩,这一整天我都很兴奋呢!终于盼到课后服务时间,我取出花盆,松土,浇透水后,挖了一个2厘米深的小坑,把黑珍珠番茄种子放进去,轻轻盖了一层土。播种以后我每天会看看他,盼望他早点发芽。整整一个星期,小番茄终于从土壤里探出小脑袋。我每天给他浇水,他仿佛是我的朋友,能跟我聊天能跟我玩一样,每天我都活在期待中,玩在笑海里!就是有时他受伤了我就会很伤心呢!记得有一次,大风把他那旺盛的苗苗给刮断了,我伤心了好几天呢,好在妈妈又问奶奶要了一棵小苗苗让我来养!要不我该伤心死了呢!经过这段时间的种植,我觉得种植不仅能提升成就感,而且也能提升抗挫感,更能增强自信心。通过这次种植我也学到了很多知识和经验,所以以后我要种更多的植物,有花,有果,还有一群小蝴蝶,哈哈,想想就很美好呢!

(三)植物栽培实践活动使学生具有初步的探究实践能力

学生不仅每天认真管理着自己亲手种植的花,还用精美的图片和文字记录着植物的生长过程,同时,真切地感受植物的生长过程和种植带来的快乐!一个孩子开始拿到的是凤仙花种子,满心欢喜地种下,焦急地盼望种子发芽、长叶,可是迟迟不开花。后来他跑来问:"刘老师,我种的凤仙花怎么就不开花呀?"笔者认真查看他的植物照片,根据植物的特征,判断这不是凤仙花。笔者就指导他,利用网络搜索自己植物的照片,查询这是什么植物,初步判断有什么生活习性。

经过在网上查询,孩子发现植物有可能是"豇豆""铁苋菜""午时花"。根据当初的种子形状判断,这株植物不是"豇豆"。后来孩子还做了个有趣的实验,故意几天不浇水,发现这棵植物竟然没有死,发现这棵植物生命力很顽强。最后推断这是"铁苋菜"。学生又来问:"老师,我本来种的是凤仙花,为什么变成了铁苋菜呢?"笔者因势利导,可能是种子包装时混进了其他种子,也可能在播种时花盆里落入了铁苋菜种子。通过植物栽培实践活动,培养了学生的观察能力、分析比较能力等多种思维能力,也培养了学生的科学探究实践能力。

（四）帮助学生树立正确的劳动价值观

由于疫情，不能到校上课，学生种在学校种植箱的植物就不能照顾了。

一个孩子的妈妈通过微信问笔者："刘老师，晨熙让我问您，这迟迟不开学，学校的植物没人浇水会不会干枯？他问我好几次了，我忘了跟您说了。"

笔者回答道："他种植的植物没带回家吗？"

家长说："不是小西红柿，是您安排在学校种植箱浇水的植物。"

笔者说："哦，学校的植物没问题，保安师傅会帮忙浇水。"

一个二年级小学生，疫情在家线上学习，时刻牵挂自己负责浇水的植物，这么小的年纪，做事情有担当，有一份责任感。

经过几个月的植物栽培实践活动，学生们把植物生长的各个阶段，用文字和相机记录下来，和幼苗一起成长，一起快乐！

植物栽培实践活动激发了学生对科学的学习兴趣，提高了学生的科学素养，激发了学生对生命的热爱，提高了学生各方面的能力。

在"双减"大背景下，注重将劳动教育渗透到教育教学活动全过程中，通过植物栽培实践活动让学生在多种劳动实践中崇尚劳动、尊重劳动、学会劳动。

在这次植物栽培实践活动中，学生们呈现的图文成果，是学校进一步落实"双减"政策的结果。通过植物栽培实践活动，家校携手参与，引导学生和家长关注劳动，重视劳动素养的养成。一分耕耘一分收获。学生们观察到植物生长变化的过程，体验种植的乐趣，更培养了勇于探索、善于观察、勤于思考的良好品质，树立起尊重劳动、劳动最光荣、劳动最可爱的正确劳动价值观。

第八篇　信息素养提升研究

利用全息交互协作学习终端突破小学科学课堂教学的重难点研究

■李 梦

一、小学科学课堂教学中的重难点问题研究

小学阶段的科学学习包含了物质科学领域、生命科学领域、地球与宇宙科学领域和技术与工程领域的科学内容。在小学科学教学中,有许多教学内容受时间和空间的限制,无法在课堂上进行。如湘科版六年级科学教材中关于浩瀚宇宙的教学内容,学生非常感兴趣,但是受到时间、空间的限制,学生无法真正领略到宇宙的魅力。2017年9月,小学一年级开设科学课程。小学一年级的学生形象思维占主导地位,他们好奇心强,活泼好动,但是注意力持续集中的时间不长。在教学上要尽可能地运用直观教学手段,尽量使用学生能够理解的浅显语言,或者设置利于学生接受、理解的情境,充分调动学生多种感官参与学习活动,帮助学生理解、记忆,提高其学习效率。

调查结果显示,在实际小学科学教学课堂上,对于教学中的重点和难点问题,如果只是对教材上的科学知识点进行讲解,学生很难形成画面感,同时学生的学习兴趣也很难得到充分的调动,学生的科学思维也很难得到发展。

二、解决方案:利用全息交互协作学习终端

全息交互协作学习终端是一种新型的现代教学媒体,它通过相干光干涉原理记录和查看图像,当合适地将其呈现时,便可以精确地再现被记录物

体的三维外观。它作为一种教学手段,具有立体性、逼真性、互动性、沉浸性、故事性和信息丰富性等特点,直观效果远远优于实物投影和多媒体等传统的教学方法。全息交互协作学习终端在教育教学中能够更好地提升学生注意力、记忆力、思维力和智力,有利于激发学生的学习动机,促进小学生科学思维的发展。

三、实践过程:利用全息交互协作学习终端开展小学科学课堂教学

(一)全息交互协作学习终端缩短观察过程与时间

全息交互协作学习终端具有感染力强、直观、形象、实时等特点,可以创设虚拟的问题情境支持学生的观察活动,学生在课堂中就可以实现对大自然、社会生活的观察,大大缩短观察过程与时间。下面以《多样的天气》一课为例,加以说明。

1. 教学背景与目标

《多样的天气》一课选自湘科版《科学》教材一年级上册"认识天气"单元。本单元的教学主题是天气,以学生熟悉的天气现象为研究对象。学生对天气现象充满好奇,每天有意无意地观察、了解着天气,对天气也有自己的想法和疑问。本课在学生对天气变化和天气预报有一定了解的基础上,以认识天气现象和天气符号为主题进行教学。重点是认识和描述多种多样的天气变化,并用天气符号表示不同的天气。"观察记录一周天气现象"活动,促进学生有目的、有计划地在较长时间内,周期性地观察并运用"天气符号"记录天气现象,训练学生的局部观察、整体观察、顺序观察和比较观察的能力,培养学生观察的计划性,发现不同日期甚至同一天天气的变化,让学生初步意识到天气是多样的、变化的,为后续分析天气变化对人类生活的影响奠定基础。

2. 教学过程

(1)利用不同的天气现象帮助学生建构天气符号的概念

课堂中,利用全息交互协作学习终端,可以直接观察阴、晴、雨、雪、风等

真实的天气情景,并且实现一周、半个月、一个月等连续一段时间的天气观测,而系统中显示的数据也是生活中某城市某段时间的真实天气数据。利用全息交互协作学习终端出示的不同天气特征,学生很容易发现不同天气的共同特点,找到某种天气的关键特征,从而学会通过天气符号认识、记录天气。

在这个过程中,全息交互协作学习终端能激发低年级的学生用自己喜欢的方式描述不同天气现象的兴趣,教师引领学生在比较的基础上抓住不同天气现象的主要特征,帮助学生学习用简略而形象的天气符号描述、记录天气现象,渗透"抓住主要因素、忽略次要因素"的思想方法,引导学生用主要特征"天气符号"分类整理多姿多彩的天气现象,让学生初步经历由直观到抽象的思维过程。

(2)再现天气现象,帮助学生感受天气是变化的

通过利用全息交互协作学习终端设定天气信息,再现天气现象,不仅可以提升学生的科学兴趣,开拓学生的思维,还可以让学生在体验的过程中感受到天气对人们生活的影响,为后续的学习做好铺垫。

教学中,教师介绍生活中出现的一种典型的特殊天气。

2012年7月21日,北京及其周边地区遭遇特大暴雨灾害。北京市防汛抗旱指挥部通报:此次暴雨灾害的最大雨量点发生在房山区河北镇,雨量为541毫米。全市因灾造成直接经济损失116.4亿元。

学生通过利用全息交互协作学习终端设置当时的温度、风力、降水概率等天气信息,成功再现当时的天气状况,使学生身临其境地感受到天气变化对我们的影响、恶劣天气给人们带来的恐惧感,增强学生关注天气、预防灾害性天气的意识。

3. 教学效果

全息交互协作学习终端的内容以故事性引导为主,利用语音转换技术实现内容同步发声,弥补低年级学生识字不足、注意力持续时间不足等问题。本课教学中,全息交互协作学习终端为学生展示不同的天气现象,利用生动逼真的生活情境吸引学生的注意力,充分调动学生多种感官参与学习活动,帮助学生理解、记忆天气特征,激发学生的学习兴趣。在认识天气现象和天气特征的过程中,学生借助全息交互协作学习终端建构天气符号的

概念,初步经历由直观思维到抽象思维的过渡,推动学生科学思维的发展,落实《中国学生发展核心素养》中"文化基础"下"科学精神"素养中的"理性思维"这个要点,提升学生的科学素养。

(二)全息交互协作学习终端使抽象问题具体化

全息交互协作学习终端具有立体性、逼真性、信息丰富性等特点,可以打破时间、空间的限制,模拟真实的生活景物,使抽象的问题具体化。下面以《太阳系》一课为例,加以说明。

1. 教学背景与目标

《太阳系》一课选自湘科版《科学》教材六年级上册"浩瀚宇宙"单元。在新课标中,它属于地球与宇宙科学领域。本单元引领学生追寻人类探索宇宙奥秘的足迹。学生通过阅读资料、模式实验和建立模型,从运动和相互作用的角度观察、探索宇宙天体的奥秘。本课的教学重点和难点是根据科学观测数据按比例构建月球、地球和太阳模型,理解它们的大小和空间存在,培养学生的想象能力和模型构建能力。

2. 教学过程

课堂中,学生利用全息交互协作学习终端,可以直接观察太阳、地球和月球缩小一定比例后的相对大小和位置。通过输入按一定比例缩小后的数值,三个天体的大小和位置就会出现在屏幕中,学生可以通过放大和缩小,感受三者之间的相对大小和位置。

3. 教学效果

全息交互协作学习终端能将抽象的科学概念具象化,有助于学生的理解;本课教学中,通过创设虚拟的问题情境支持学生的探究活动,为科学课堂提供了丰富多彩的资源。通过建立太阳、地球和月球相对大小和位置的模型,不仅消除了时空限制的弊端,使科学课堂更具吸引力,而且激发了学生的形象思维和抽象思维,发展了学生的空间想象能力,促进高效课堂。

四、实践反思:利用全息交互协作学习终端开展小学科学课堂教学的价值

第一,全息交互协作学习终端在小学科学课堂教学中越来越受到教师

们的重视,因为它不仅能够使科学知识趣味化,科学现象直观化、形象化,而且能够拓展学生视野,帮助学生进行自主探究,拉近科学与生活、科学与学生之间的距离,充分调动学生的积极性、主动性和创造性,还可以打破时间、空间的限制,突破教学重难点。第二,学生是教学活动的主体,教师应根据学生的特点,从学生的认知水平出发,充分凸显学生的主体地位,选取学生易于感兴趣的教学内容,激发学生学习兴趣,并且结合具体的教学内容,恰当地将全息交互协作学习终端引入科学教学中,让现代教育技术为科学教学起到很好的辅助和推进作用,帮助学生形成良好的科学素养。第三,小学科学教师应结合全息交互协作学习终端的使用优势,结合学生实际生活,赋予小学科学课堂生活化与趣味化,进而巧妙地将现代先进技术与科学课堂相结合,确保现代教育技术的效用与价值得到充分发挥。

总之,让学生经历像科学家那样进行科学探究的过程,体验学习科学的乐趣,增强科学探究能力,获取科学知识,形成尊重事实、善于质疑的科学态度,了解科学发展的历史是每一位科学教师奋斗的目标,笔者将深刻领悟课程宗旨和科学素养的真正内涵,运用多种教学方式,调动学生的积极性和创造性,提升学生的科学素养和科学思维。

提升学生信息意识的教学模式初探究

■ 杨 薇

一、问题的提出

(一)社会发展需求

2020 年年初,新冠疫情蔓延,学生开始了在家学习的特殊时期,通过网络完成学习任务,这样特别的学习方式给学校和教师带来了新的考验,如何进行网络教学? 如何让学生的线上学习更有意义和效果? 这都需要教师深入思考。后疫情时代,探究线上线下融合的新教学模式已成为重中之重。

信息技术应用能力是新时代高素质教师的核心素养。2019 年教育部颁布《关于实施全国中小学教师信息技术应用能力提升工程 2.0 的意见》中指出,推动教师应用网络学习空间、教师工作坊、研修社区等,利用线上资源,结合线下研讨,打造"技术创新课堂",提高应用信息技术进行学情分析、教学设计、学法指导和学业评价等的能力,破解教育教学重难点问题,满足学生个性化发展需求,助力学校教学创新。根据文件要求,教师应灵活应用信息技术丰富完善自己的课堂教学,提高课堂时效,打造技术型课堂。

(二)课程改革背景

2019 年 6 月,中共中央、国务院颁布《关于深化教育教学改革全面提高义务教育质量的意见》,要求优化教学方式,探索基于学科的课程综合化教学,开展研究型、项目化、合作式学习。综合实践活动不仅培养学生的基本核心素养,更注重学生的数字化生存能力培养,帮助学生适应"互联网+"等社会信息化发展趋势。

（三）学校课程背景

学校的办学理念为"互·动"教育，激发成长动力，希望学生在学校生活中能够互助互爱、自信自强，积蓄充沛的成长力量。2015 年，学校结合北京冬奥会申办成功的契机，冬奥组委离学校较近的有利资源，开设了实践类冰雪课程，以冰雪为主线，开设了冰雪课堂、冰雪社团等形式多样的课程。冬奥组委坐落于首钢园区，距离学校 1 千米左右，是学校开展冰雪课程的主要校外实践基地。

基于以上三点，笔者提出了如何在信息技术的背景下进行综合实践活动课程改革，以首钢园区冰雪课程为载体，开展线上线下融合的综合实践活动新模式的探究。

二、综合实践活动模式文献研究

李小敏在《中小学综合实践活动的实施模式探析》一文中认为综合实践活动的基本模式可以概括为：确定主题—收集资料—确定方案—实施活动—表达交流—反思评价。这也是综合实践活动开展的一般模式，将生活中发现的问题确定为活动主题，搜集相关资料，包含了开展各种实验和调查，调查一般是设计纸质调查问卷，现场填写，学生再进行总结。确定方案后，组织学生开始实践活动，最后进行交流与反思。整个活动全程线下进行，需要教师能够合理安排时间和地点，保证学生有充分的时间进行小组活动，而且需要学生回家搜集资料再拿到学校进行讨论，这样容易出现资料不对或不好携带的现象，搜集资料的效率降低。

三、基于信息技术的综合实践活动模式

综合实践活动本身就是从学生的真实生活和发展需求出发，从生活情景中发现问题，转化为活动主题，通过探究、服务、制作、体验等方式，培养学生综合素养的跨学科实践性课程。新时代的特点就是先进的科学技术让生活、交流和学习变得更加便捷，学生在周围环境的熏陶中对于网络世界接触

得越来越早,信息技术应用也越来越多。《中国学生发展核心素养》提出 18 个基本要点包含了培养学生的信息意识,让学生能够主动适应"互联网+"等社会信息化发展趋势,利用互联网资源,进行更加有效的学习活动,因此笔者提出了把信息技术融入综合实践活动过程,让学生通过线上自组织学和线下实践探究相融合模式开展综合实践活动。此模式分为准备、实践和展示三个阶段,线上线下融合进行,线上教学以学生自组织学为主,小组长召集组员进行线上讨论、查找资料、视频制作、汇报准备等内容;线下教学以动手实践为主,包含了确定主题、分成小组、整理资料、实地考察等内容(见图1)。

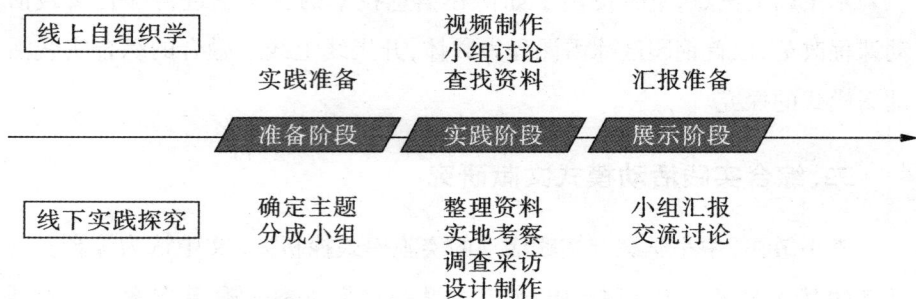

```
线上自组织学                    视频制作
                              小组讨论
                   实践准备    查找资料        汇报准备

          ▶ 准备阶段 ▶ 实践阶段 ▶ 展示阶段 ▶▶▶

线下实践探究        确定主题    整理资料        小组汇报
                   分成小组    实地考察        交流讨论
                              调查采访
                              设计制作
```

图1   线上自组织学线下实践探究模式

(一)线上活动

线上活动是为线下实践做准备,包含了实践准备和展示准备,在形式上采用自组织学的方式,即组长组织组员完成学习任务。

1. 实践准备

当今社会是一个信息时代,很多事情都需要通过手机完成,比如用手机提前预约、查询参观须知、交通路线、微信购票等。手机让生活更加便利,也对学生的要求更加精细,如何在实践活动前做好准备工作可以成为综合实践活动中的一部分,比如让学生灵活利用手机资源查询相关信息,做好实践活动方案。首钢园区是一个需要提前预约才能够参观的地方,学生想要走进园区进行实践活动,就需要提前了解预约方法,通过阅读—尝试—完成这一系列步骤,自行完成预约。调研前需设计活动方案,学生需要通过手机或电脑查找园区地图,了解各景点位置和路线,提前做好活动路线图。学生在进入首钢园区时就是先查询了预约方法,独自完成预约工作,并在小程序中提前了解了园区的基本情况,为进入园区实践做了充分的准备。

线上活动的安排基于学生的实际生活,把日常中的信息应用融入综合实践活动中。在实践活动过程中,不仅能够提高学生的综合素养,更能提高学生分析、解决实际问题的能力。

2. 小组讨论

在以往的综合实践活动中,小组内部活动时间和地点总是活动中较为难安排的部分,如占用课堂时间进行,时间较长,效率较低,查阅资料等任务需要学生独立查询好,再拿到学校进行小组讨论,无法及时补充查询相应资料;如果利用课后时间进行小组讨论活动,其活动时间和活动地点不好协商,因学生年龄较小,不适合独自外出,活动安排较为困难。因此,综合实践活动可以把小组内部活动安排为线上进行,可以通过能够多人交流的软件,建立小组群,随时在群里分享自己的想法和查找到的资料,如需讨论可以提前约好时间,利用腾讯会议进行。线上进行小组内部活动不仅解决了活动地点的问题,灵活了活动时间,还能够提高活动效率,小组成员讨论遇到困难时可以马上通过网络查询解决。比如《首钢里的无人车》一课,学生需要先搜集资料了解无人车的基本原理,因为无人车属于新科技,资料中有许多专业名词,学生独自理解起来较为困难,如果拿到学校讨论的话,遇到不理解的词语又很难及时查询,所以进行搜集资料任务时,由组长组织组员约定好时间在线上完成,学生可以搜集资料和讨论同时进行,提高小组活动效率。

3. 展示制作指导

成果展示是综合实践较为重要的一个环节,小组成员通过探究、实践等方式获取了信息,需要制作成可以展示的成果,方便他人理解。成果展示的方式包括 PPT、视频、实物等。因此对于学生信息技术的指导就可以放在线上进行,在此过程中,也可以发挥学生优势,互相学习。

(1)照片处理

随着学生实践活动的深入,视频和照片资料越来越多,如何处理成了一个需要思考的问题。如果放在课堂中讲解,无法保证设备齐全,讲解效果也不好,因此可以把电子技术学习这部分内容放在线上进行,比如在首钢园区讲解活动中需要学生拍摄讲解宣传片,拍摄视频和后期制作是学生不太熟悉的领域,基于此,可以录制一节简短的视频剪辑微课,有需求的学生可随时进行学习,还可以发挥班级内学生的优势,邀请有摄影技术的学生为每组拍摄,也可以让懂后期制作的学生为大家进行线上简单培训,并对学生提出的问题进行解答。通过教与学的互动,降低了学生学习视频剪辑的难度,提高了学生的信息处理能力。

（2）制作PPT

制作演示文稿进行汇报是成果展示较为普遍的方式。线上进行的PPT制作能够让组内每一名成员都参与进来,小组在制作PPT时能够随时进行讨论、修改,也可以分工合作,一人思考内容、一人制作文稿、一人美化界面等。线上利用可以屏幕共享的软件制作PPT,教师可以随时进行技术指导,也可以提前录制教学视频,组织学生集体观看学习,针对制作过程中的问题,随时进行演示解答。线上PPT教学可以让学生观看更方便,问题得到及时解决。如《首钢里的无人车》一课中,某一小组完成无人车设计图后,对于如何进行展示这个问题进行了线上讨论,他们尝试了把设计图拍照放在PPT中和在PPT中重新画电子图两种方式。通过对比发现,电子版设计图更加清晰规范,也能够在画的过程中对设计图再一次进行修改完善。信息技术的应用让学生可以快速尝试多种方式,也能够在尝试的过程中寻求最好的解决办法。

（二）线下实践

线上学习和线下实践两种方式穿梭进行,遇到问题需要讨论或需要用到电子产品时,学生就自组织线上学习,做好准备后线下进行实践活动,两者相互补充。

1. 确定主题、分成小组

主题的确定一般源于生活,包含了学生在社会、学校、家庭中遇到的各种各样的问题与困惑,把问题提出后进行归纳总结,选择具有研究价值的问题进行研究。比如设计首钢无人车的活动源于学校的冰雪课程,学生多次走进首钢园区内参加冬奥活动时注意到每次从首钢小西门走到冰球馆需要20分钟左右,走到滑雪大跳台则需要30分钟左右,根据这一现象,学生意识到首钢园区内存在一些需要改进的问题,因此,组织学生再次走进首钢园区观察园区内的服务。在这一次的观察中,学生提出了首钢园区内超市较少、没有外卖配送、交通不够便利等一系列问题。针对这些问题,学生进行了讨论,形成了综合实践活动主题及目标,设计服务类无人车,方便人们在2022年北京冬奥会期间在首钢园区的出行。

2.整理资料、确定方案

学生在线上进行资料搜集与学习后,需要线下再次进行资料的整理归类,并根据资料内容,确定活动方案、活动方法、活动步骤及人员分工等情况。小组合作学习是综合实践活动常用的方法,提前设计好方案,实践才能更有效完成,通过方案设计培养学生的规划能力和合作交流能力。

3.设计制作

设计制作是实践活动的一项重要内容,主要培养学生合理想象的能力、设计规划的能力,一般要先设计,再制作。设计时不能以教师思考代替学生思考,要引导学生大胆想象,再综合考虑各种因素进行合理规划,最后对于学生的设计作品进行提升性指导。制作首钢攻略时,笔者先让小组独立完成设计制作。学生在制作时整体设计较为简单,图片与文字相关度不够,标题文字缺少精心设计。针对这些问题,笔者从标题撰写和文字设计方法上进行了指导,让学生懂得了版面规划的方法,图片如何选择,标题文字如何进行艺术化设计,等等。

4.实践调研

实践调研是综合实践活动中常用的方法,为了获得更多资料,会进行现场的调查或者采访。调研前会进行问卷设计,调研后会进行结果分析。随着信息技术的发展,出现了一些电子问卷小程序,学生可以设计电子版调查问卷,可以通过交流平台发给更多的人进行填写,填写结果在后台直接可以显示,增加了调查的范围和效率。比如为了让无人车设计更加符合人们的需求,学生利用微信小程序问卷星设计了调查问卷,被调查者扫描二维码即可回答问题,既方便又高效,学生在短短半天内收到了几百份调查结果,每道题的调查结果直接生成图表,能够直接看到被调查者中游客和工作人员所占的百分比,让调查结果更具参考性。

5. 展示阶段

在展示交流阶段,各小组分享了自己设计的无人车外形、功能、使用方法,并邀请学生们提出问题和改进的建议。在分享与质疑的讨论中,学生的思维能力与交流表达能力得到了明显的提升,他们能够根据他人的提问进行解释和说明,如果思考后觉得建议特别好,也会表达感谢并采用。

四、效果与优势

1. 提高学生综合运用知识的能力

综合实践活动是基于实际生活开展的,活动环节也是根据学生真实水平进行设计。在活动过程中,学生必须把多个知识点、多种能力综合运用起来解决问题,比如在了解无人车的原理中,学生需要把信息课学习的网络查询方法和语文课学习的信息提取方法综合运用才能获取到自己所需要的资料。

2. 提升信息素养

线上线下融合的综合实践活动把信息技术和互联网资源串联其中,在当今科技飞速发展的社会中,电子技术的应用无处不在,互联网可以搜集信息,演示文稿可以进行汇报,照片可以用来记录活动过程、实验结果等。可以说,学生现在与将来的学习生活离不开电子产品,所以在综合实践活动中设计一些符合学生年龄特点和知识水平的线上活动,能够逐步帮助学生熟练运用信息技术,在活动的同时有意识地引导学生安全、文明使用互联网,提高学生的信息素养,让学生成为现代社会的学习者。

五、总结

基于信息技术开展的综合实践活动,采用线上自组织学线下实践探究相融合的方式进行,既能提高学生灵活运用学科知识解决实际问题的能力,又能在过程中引导学生合理利用网络资源进行多种方式的学习,实现了综合实践活动的基本理念,提高了学生的核心素养。

翻转课堂在小学低学段数学教学中的实践策略研究

■ 周　萌

一、小学低学段数学教学现状

我国现阶段的授课形式是班级授课制。班级授课制的好处在于可以让更多的人接受教育,但做到对每位学生都因材施教却是一个很难的问题。虽然现今大多数教师都有了新课改提倡的教学理念,但是教学方法依旧是传统的教学方法。许多教师仍不能很好地处理传授知识与培养能力之间的关系,课堂的重心还是放在传授知识上,而不是将课堂交给学生。这种灌输式的教学方法依然存在。如何改变传统的教学模式便成为教师们研究的对象。

二、翻转课堂的内涵与特点

翻转课堂这一教学模式正好与传统教学模式相反,它是将传统意义的课堂教学结构翻转过来,让学生在课前完成知识的学习,在课上完成知识的吸收与掌握的一种新型教学模式。翻转课堂主要以构建主义为基础,学生的学习在教师的促进指导下,通过学生独立探究或小组独立研讨,自主发现问题、寻求解答、获得结论的认知建构过程,深刻地反映了以问题为中心,以学生为主体的教学理念。翻转课堂通过数字化的学习,利用互联网科技,颠覆传统的教学模式,让学生在课下通过观看视频自主学习,完成对新知识的学习并提出问题,在课上通过教师的指导以及小组合作学习,共同探究解决问题,从而在课上完成知识的内化。相比于传统的教学模式,翻转课堂的教学模式更能激发学生的学习兴趣,提高学生学习的积极性和主动性。因此,翻转课堂这一教学模式在小学数学教学中的应用是很有必要的。

三、翻转课堂在小学数学教学中的实践意义

"教学活动是师生积极参与、交往互动、共同发展的过程。有效的教学活动是学生学与教师教的统一,学生是学习的主体,教师是学习的组织者、引导者和合作者。"因此,作为数学教师,在课堂教学中要更加注重发挥教师的主导作用,改变传统的教学方法和教学理念,处理好讲授与学生自学的学习关系,打破教师的讲授占据课堂大部分时间的情况,充分尊重学生是学习中的主体地位,引导学生自主学习、独立思考、主动探索、合作交流。

促进学生进行自主学习数学知识和应用,已经成为我国小学数学教学未来的发展趋势。而在进行翻转课堂的教学实践探索过程中,我们发现可以通过翻转课堂这一教学模式改变学生的学习方式。鼓励学生在学习数学知识的过程中,从自己的角度思考学习数学知识,理解和掌握基本的技能,体会和运用数学思想方法。因此,开展翻转课堂在小学数学教学中的实践研究就显得非常有必要。而教师在进行翻转课堂教学实践应用时,还需要对学生学习数学知识的过程有正确的认识,要采取适当的方法进行翻转课堂的实践,合理发挥出翻转课堂的作用,从而提高教学效率。

四、翻转课堂在小学数学教学中的实践策略

(一)课前观看视频进行自主建构

翻转课堂教学模式颠覆了传统课堂的教学模式,通过数字化的学习来关注学生的课前学习,以微视频为教学辅助,为学生提供学习资源,搭建良好的自学平台。

学生在课前的学习离不开教师的指导。这就需要教师认真研读教材,准确把握教材内容以及知识体系和教材编写的逻辑结构,从而选择适合学生在课前进行自主学习的导学载体。导学载体包括学生课前需要观看的微

课以及学习任务单。本节课的课前视频教师选择了空中课堂,让学生在课前自主观看空中课堂进行课前学习。

学生在观看空中课堂时,还需要有一个学习任务单来帮助学生理解和学习。因此,教师在设计学习任务单时要注重突出关键的知识点以及教学的重难点,引导学生完成课前的知识学习。题目由易到难,让学生通过课前学习能解决一些力所能及的数学问题。

(二)课上提出问题进行探究学习

学生在课前已经进行了自主的学习,能够解决一些力所能及的数学问题。因此,教师在课堂教学时主要以合作探究学习为主,引导学生围绕知识的重难点进行合作探究式学习。

1.提出问题

学生在课前进行自主学习的时候,会有一些不懂的问题。因此,教师就需要根据学生自主学习的情况,结合学生所提出的问题以及教学重难点来设计学生课上要探究的问题。在设计探究的问题时,要注重问题的逻辑性,形成从易到难的问题串,引导学生进行探究学习,从而培养学生自主探究的能力。根据学生课前观看空中课堂的学习情况,本节课笔者设计了两个探究的问题,一个是笔算加法是怎样对位、为什么要这样对位? 另一个是,在进行笔算加法时要注意什么?

2.合作探究

翻转课堂教学模式的重要环节之一便是课上学生的合作探究。教师在设计合作探究的内容时,要结合教学重难点,从实际生活出发。本节课笔者从学生熟悉的参观博物馆的情景引入,创设学生感兴趣的、熟悉的生活情境,从而激发学生的学习兴趣。

同时,在进行合作探究时,学生的分组也要注意科学性,确保每个小组的实力相当,使每个小组内的成员在数学学习上能做到互补。同时,在学生进行合作探究时,教师要进行巡视,充分发挥学生在数学学习中的主体作用,通过教师的有效指导,培养学生合作探究的能力以及提高学生合作探究的有效性。

3. 成果展示

学生在进行小组合作探究后,教师应该给予每个小组展示和交流的机会,并进行全班性的讨论。在展示的时候,要注重形式的多样化。本节课在进行全班展示的时候,笔者选择了三个不同的展示方法,通过让学生们观察这三个竖式的相同点和不同点,并通过合作交流,来解决本节课的两个探究问题。

4. 课堂检测

检测学生是否掌握了教学的重难点以及探究性学习是否有效,教师就要设计一个课堂检测训练。本节课检测训练的内容包括学生对知识掌握情况的考查以及学生对知识进行实践应用的能力。

5. 课堂小结

教师在课堂结束前,还需要对课堂的知识点以及重难点进行小结,及时对教学的知识点以及重难点进行巩固。在进行课堂小结时,教师应通过学生畅谈,适当对学生进行指导,使学生在感悟中进行知识的升华。

(三)课后巩固练习进行迁移拓展

课后,教师应注重培养学生对数学知识的迁移能力,拓展学生学习的空间,使每位学生在数学方面都有不同的发展。本节课后,笔者出示了几道与生活密切相关的题目,让学生学会将所学的数学知识运用到生活中去,并让学生感受到数学来源于生活又回归于生活。

(四)改变评价方式进行多元评价

在翻转课堂这一教学模式中,无论是教师的角色还是课堂的教学模式都进行了变革,因此,教师对学生的评价方式也应该打破传统的评价方式,实现对学生的过程评价、个性评价以及多元化的评价。教师可以通过家校协同、分层点评等形式实现家长评价、学生自评、学生互评、教师评价等评价方式。评价时也要注意对学生进行多方面的评价,例如对学生在课前自主学习的评价、课上合作探究时的评价、学习成果的评价、全班集体点评等。

五、结语

翻转课堂在美国及一些国家应用广泛并且占据了重要的地位,但是我国引入翻转课堂的时间还较短。翻转课堂这一教学模式对于我国的教师来说确实是一大挑战,只有教师和学生配合到位,才能将翻转课堂这一教学模式达到最优化。因此,还需要教师们不断深入研究,努力探索出一个适合我国学生、符合我国国情的翻转课堂教学模式。

第九篇　德育育人策略研究

以北京冬奥精神引领学校"大思政课"教育实施路径的探索与研究

■ 薛 东

习近平总书记指出:"'大思政课'我们要善用之,一定要跟现实结合起来。"

北京冬奥会和冬残奥会表彰大会上,习近平总书记阐述了北京冬奥精神。北京冬奥会为学生价值观教育提供了丰富的素材,抓住冬奥元素,将北京冬奥精神融入"大思政课",把蕴含其中的育人资源梳理、转化为适应小学生特点的实施模式,不仅可以拓宽学生视野,提升学生综合素养,更是贯穿立德树人全过程,以"小切口"呈现"大主题",用"小载体"实现"大德育"的重要途径。

一、研究背景

习近平指出,北京冬奥会、冬残奥会广大参与者珍惜伟大时代赋予的机遇,在冬奥申办、筹办、举办的过程中,共同创造了北京冬奥精神。这个精神是胸怀大局、自信开放、迎难而上、追求卓越、共创未来。

学校从 2015 年起开展冬奥教育,历时七年。七年磨一剑,学校的冬奥教育实践取得了一定的成果,形成了冬奥教育"文化·情境"育人模式,促进了学生全面发展和个性成长。

始于冬奥,但不止于冬奥。北京冬奥精神相较于奥林匹克精神,更具有"北京特色",是学校"大思政课"教育实施的思想引领。北京冬奥精神可以通过多种路径持续引领学校"大思政课"教育,具有高度的可行性和重要性。

二、实施路径

（一）学习冬奥榜样，塑造价值观

小学生正处于价值观塑造期，在这个关口特别需要榜样引导，那么选择什么样的榜样往往会影响价值观塑造。深入发掘北京冬奥会的运动员、志愿者和学生们身边的同龄人的事迹，"小故事"可以有大作为，鲜活的育人素材打动人、感染人，更加启迪人。

1. 树立运动员榜样，坚定成长目标

"苏翊鸣在大跳台上的样子很帅！我擅长的冰雪项目是冰壶，我的梦想是将来能成为一名冰壶运动员，争取有一天也能够站在奥运赛场上为国争光。"电厂路小学五年级学生白欣妍有了自己的冬奥榜样。

北京冬奥会期间，学校组织学生观看了各项赛事，还有部分学生亲临现场观赛。冬奥会奖牌背后有像武大靖等征战多届奥运会的老将，他们的坚持和执着，让学生们懂得了成功是需要奋斗的，梦想的实现需要持之以恒；也有苏翊鸣、谷爱凌等年轻运动员，以惊艳的表现和强烈的责任担当，成为学生们的新晋偶像，让学生们不仅树立了正确的偶像观，知道了该追什么样的"星"，还将这些同龄人作为自己学习的榜样，鼓舞更多的学生加入冰雪运动的行列中来，激发了学生们的爱国主义热情，立志成为团结向上、拼搏向前，敢于挑战、突破自我的新时代好少年。

学校还组织全校师生观看首都教育系统弘扬北京冬奥精神"大思政课"节目，邀请国家冰壶队队长马秀玥、北京冬残奥冰壶项目冠军运动员闫卓走进学校进行"开学第一课"教育宣讲和互动交流，传递阳光自信、拼搏奋斗、追求梦想的精神；举行"见字如面·对话冬奥运动员"活动，学生们与武大靖、苏翊鸣、任子威等运动员相互通信，互相鼓励，取得了非常好的教育效果。

2. 树立志愿者榜样，争做志愿者

除了精彩的赛事，冬奥赛场内外赛会志愿者是本届冬奥会一道亮丽的青春风景线。志愿者的微笑和不辞辛劳、热情周到的专业服务吸引了学生

们的目光,特别是学校向学生们介绍成为一名合格志愿者,平时训练一站就是好几个小时,一跑就是好多圈的"魔鬼"培训过程,更是让学生们钦佩不已。学生们将冬奥志愿者树立为自己的榜样,在平时的生活中、在社区中用自己的实际行动传递文明。

目前学校已有1户全国冬奥最美家庭、1户首都冬奥志愿家庭、62户区级冬奥志愿家庭、15户冬奥社区志愿家庭。这些冬奥家庭用各自的行动,践行了志愿精神和劳动精神,同时,也作为"文化使者"在不同的场合为大家宣讲自己的冬奥故事,收获了许许多多的夸赞和感动。

3. 树立身边学习榜样,携手一起前行

注重用身边人的故事感染身边的人,将个体思想意识升华,有效转化为学生的群体意识和价值追求。学校新学期开学典礼,参与冬奥火炬传递的校长,冬奥会现场观赛的学生们,为场馆、社区进行志愿服务的师生志愿者,战胜病魔重返校园的"小小冬奥组委主席"姚同学,他们为全校师生分别分享了各自参与冬奥、助力冬奥的经历和切身感受。目的一是参与冬奥的机会难得,让孩子们对学校引以为豪;二是通过这些师生传播冬奥精神,树立大家学习的榜样,引领更多学生携手前行。

(二)抓住冬奥契机,开展心理健康教育

儿童青少年心理健康,已成为日益突出的重大公共卫生问题,对小学生开展心理健康教育,是保证学生健康成长的迫切需要。教育部《关于加强学生心理健康管理工作的通知》要求进一步提高学生心理健康工作针对性和有效性,注重安排形式多样的生命教育、挫折教育。

1. 坦然面对生活中的挫折与失败

北京冬奥会赛场竞争激烈,不是每一名运动员都能取得金牌,面对挫折与失败是运动员的一堂必修课。苏翊鸣第一个项目拿了银牌之后,虽然裁判的打分确实有失误,但苏翊鸣并没有抱怨,他坦然面对的同时还高兴地祝贺了他的对手,他的教练也希望观众们不要再责怪裁判了。苏翊鸣迅速调整好心态,在第二个项目凭自己的实力拿到了金牌。

在学生成长过程中同样也充满着各式各样的竞争和压力,如学习压力、同学关系……无疑是人生的常态,如果对于挫折教育重视不够,会导致一些学生难以承受竞争的压力,或者难以坦然面对挫折和失败,而造成不可挽回的损失。没有谁能一帆风顺,学校在引导学生勇敢直面挑战、参与竞争的同时,也要教会学生如何面对失败和挫折。

运用"冬奥榜样人物"的事迹开展挫折教育,是非常有效的教育手段,因为成功的运动员大多是能直面失败、不惧挫折,将一次次失败转化成搭建成功堡垒基石的人。榜样的力量,可以使学生在与失败、挫折的"交锋"之中韧性得到提升、抗挫折能力得到提高。

2. 家庭教育助力心理健康教育

参加北京冬奥会的谷爱凌、苏翊鸣这些运动员的成长会影响很多人,他们的成功离不开家庭教育的引导。在多元教育的背景下,培养孩子需要尊重兴趣和选择,尊重教育常识和成长规律,帮助孩子认识自己的天赋、发展自己的天赋,每个孩子都能成为更好的自己。

"武大靖的脚变形得好厉害,可他从来没有放弃梦想。"教育是一场人生长跑,每个人真正挑战的敌人始终都是自己,拼尽全力、没有轻言放弃的人都应该被尊重。家庭不能过度地溺爱学生,孩子遇到一些困难,家长首先要教孩子的应该是学会坚持,要培养学生的吃苦精神,比如参加体育运动,要把奥林匹克精神和学生自身加强体育锻炼结合起来,鼓励学生积极锻炼,以此激励学生强健体魄、磨砺意志。

苏翊鸣拿到金牌之后,他第一时间想到自己的爸爸妈妈,感谢他们的培养和支持;隔离期间,他一一回复了大家给他的生日祝福。这一切都让人觉得,做一名知道感恩的学生,需要良好的家庭教育。

寒假冬奥作业中融入了很多亲子活动内容,因为冬奥会展示得更加立体、更加多元,传递给孩子们的不仅仅是我们对于奖牌的重视和追逐,更有了更加人文的、温情的、积极向上的因素在其中,很多感动、很多美好的瞬间,希望家长和孩子们一起来感受,一起向未来!通过假期后的调查,在家长陪伴下观看冬奥会,参与冰雪运动,普遍是孩子们整个寒假中最兴奋的事情。

（三）贯穿冬奥的传统文化元素，树立文化自信

北京冬奥会是中国元素的文化盛宴。这些传统文化元素在北京冬奥会无处不在，而且它们不是孤立的，亦不是割裂的，而是同奥林匹克精神巧妙地融合在一起。

1. 冬奥会是直观的中华优秀传统文化教育

北京冬奥会从会徽、火炬、奖牌、吉祥物、体育场馆的设计，到开闭幕式仪式环节中国传统文化元素的融入，独具中国特色的传统文化元素比比皆是，无不向世界展示和传递了中华民族的文化底蕴，为世界留下了独特的中国记忆，增强了学生的文化自信。

2. 深入开展传统冰雪运动文化研究

在传统中找寻力量，做好传承和延续。始于好奇，终于文化，践于行动。在北京冬奥会大背景下，学校教师挖掘中华优秀传统冰雪文化，通过课堂实践的方式，带领学生了解中国清代画卷《冰嬉图》，冰雪文化无限的魅力感染了更多的学生，激发了学生参与冰雪运动的兴趣和弘扬、继承优秀传统文化的意识。

（四）疫情中的冬奥会，进行国际理解教育的契机

国际奥委会主席巴赫说，在当前充满不确定性的多元化世界，奥运会比以往任何时候都更成为全人类希望、和平和团结的有力象征。"疫情下的国际团结、合作与互助"活动，使得北京冬奥精神在这个特殊的时期被赋予了更加深刻与现实的意义。

1. 疫情中的爱国主义教育

国际奥委会主席巴赫盛赞北京冬奥会是"新冠肺炎疫情下举办的一次伟大的冬奥会"。北京冬奥会不惧疫情，如期举办，学生们通过一个个冬奥镜头，看到了北京冬奥会防疫措施，为涉奥人员的健康保驾护航，感受到了各国运动员共同团结克服疫情的坚定信心，更是自信于疫情防控期间只有中国才能举办这样安全的盛会。学生们对于自己出生在一个伟大而具有担当的国家，成长在一个最好的时代而感到幸福、骄傲和自豪，有助于增强学生的民族自信心和国家认同感，践行"请党放心、强国有我"的铮铮誓言。

2.疫情中的国际理解教育

加强小学生国际理解教育是奥林匹克教育的刚需,最终目的是帮助学生树立人类命运共同体意识,让孩子们养成国际化的视野和胸怀。弘扬奥林匹克精神是培育青少年国际参与意识的最佳契机。

学校通过"冬奥带我看世界"课程的实施,引领学生了解不同国家的文化,学会和不同文化背景的友人进行交流和交往,学会接受并尊重多元化,提升面向国际参与的意识与综合能力,促进学生对北京冬奥精神的理解,对友谊的理解,对雍容大度、开放包容的文化自信力的理解,最终将学生培养成为具有国际化视野、"一起向未来"的"公民"。

(五)依托冬奥中的科技环保元素,开展生态文明教育

1.向学生传递绿色低碳环保的可持续发展理念

"微火"方式的冬奥会主火炬,实现零碳排放;利用二氧化碳打造"最快的冰";所有竞赛场馆100%使用绿色电力……北京冬奥会以润物细无声的方式,践行了"绿色"办奥的理念,使生态文明教育、科技教育和可持续发展的理念更加浸润学生的内心,激发学生的自豪感,向学生传递绿色低碳环保的可持续发展理念,传递引导学生学好科学文化知识。

2.生态文明教育助力"爱我家乡石景山"

坐落在石景山区的首钢滑雪大跳台,是践行北京冬奥会可持续发展和节俭办奥的典范,是冬奥会历史上第一座与工业遗产再利用直接结合的竞赛场馆,这只是首钢变化的其中一点。学生们多次走入首钢进行研学活动,每一次都会给他们带来惊喜;广宁街道高井路社区是全国唯一的冬奥社区,也是学校的辖区,在"我家门前办冬奥"的征文中,学生们笔下的社区,从一条一年四季垃圾遍地,污水臭水横流的"高井沟",变成了冬奥主题休闲河道公园,学生亲身感受到了环境的变化,也更加知道爱护环境。

冬奥让家乡更美好。在这样一个生态文明教育的"社会课堂"上,通过首钢和社区的"靓变",既是对学生进行爱家乡的教育,同时,也让学生们懂得了尊重自然,提升了要像保护眼睛一样保护自然和生态环境的意识,践行绿色低碳行为要从我做起,从点滴小事做起。

挖掘英语教材中传统文化元素、提升小学生文化自信的实践研究

■ 伊彩文

一、问题的提出

《义务教育英语课程标准(2022 年版)》提出:学习和运用英语有助于学生了解不同文化,比较文化异同,汲取文化精华,逐步形成跨文化沟通与交流的意识和能力,树立国际视野,涵养家国情怀,坚定文化自信,形成正确的世界观、人生观和价值观。

"十四五"规划和 2035 年远景目标纲要提出,传承弘扬中华优秀传统文化,深入实施中华优秀传统文化传承发展工程。传统文化教育首先是一种文化的传承、价值的涵养。让中华优秀传统文化进课本、进课堂、进校园,有着很强的时代价值和教育价值。

纵观中外专家学者对中国优秀传统文化的研究,大多注重理论层面和国学、汉学的研究。挖掘小学英语教材中的中华优秀传统文化元素,坚定文化自信的研究较少。

中小学英语课堂中,大多数以了解中国传统节日文化与习俗为主,来增强文化认同,树立文化自信。但对于充分利用挖掘小学英语教材中传统文化元素,系统梳理教材中的传统文化资源,并形成一系列课程的研究较少。

北京版小学英语教材中,可以挖掘的中华优秀传统文化元素很多,如传统节日、地域古迹文化、生肖文化、民风民俗、对联、四大发明、悠久历史等都有所体现。为了更好地发展中华传统文化,建立文化自信,把中华优秀传统

文化融入学生的学习中,教师可以充分挖掘利用小学英语教材中的中华优秀传统文化课程资源,将中华优秀传统文化根植于课堂,渗透在学生的思想意识体系中,从而厚植爱国情怀,让他们从小培养文化自觉,形成文化自信。

二、文献综述

(一)国内研究现状

2014年,文化自信思想在一系列理论积累中已经成形,开始明确提出了"文化自信"的概念。到2017年10月18日,习近平总书记在党的十九大报告上明确提出:"要坚定文化自信,推动社会主义文化繁荣兴盛。"中国学术界对传统文化与文化自信的关系、意义、价值界定和坚定文化自信的途径的研究成果比较丰富,但都是从理论层面来研究。

近些年来,大学和中小学的思政课中越来越重视中华优秀传统文化的教育教学研究。中小学课堂中,加强美学、国学、传统节日习俗的学习,传承和弘扬传统文化,增强文化自信。中小学英语课堂中,教师能够挖掘传统文化元素,进行英语教学,用英语讲中国故事,其中大多数以了解中国传统节日文化与习俗为主,增强文化认同,树立文化自信。但对于充分挖掘利用小学英语教材中传统文化元素,系统梳理教材中的传统文化资源,并形成一系列课程的研究还较少。

(二)国外中国文化研究综述

资本主义萌芽初期,西方开始接触中国和中国文化,对中国文化的研究也逐步走上正轨,进入20世纪,西方对中国文化的研究逐渐壮大和成熟。在西方国家,中国的四大发明和传统文化书籍纷纷被带入欧洲,对西方经济、政治、哲学和资本主义社会的形成起到重要影响与促进作用。在亚洲地区,中国传统文化热在日本、新加坡和韩国尤为突出。

综上所述,挖掘英语教材中传统文化元素提升小学生文化自信的实践研究具有一定的现实意义和理论意义。

三、挖掘英语教材中传统文化元素，提升小学生文化自信的实践研究

（一）梳理了传统文化元素内容课程文本

笔者所在课题组目前已梳理了北京版 1 至 6 年级教材中的中华传统文化元素内容相关章节，分类梳理，并在自己的课堂上进行教学实践：低学段重在渗透情感，感受氛围，通过聊一聊、小报、视频等形式了解、理解传统文化的内容。中、高学段则重在学科活动实践与语言能力相结合，在拓展知识性内容的同时，帮助学生认同、理解中华优秀文化的博大精深，从而增强民族自豪感，提升文化自信。

课题组梳理了北京版 1 至 6 年级小学教材中传统文化元素文本，包括传统节日或民族文化 18 个、生肖文化 2 个、自然遗产或人文地理 7 个、古代诗词或古代历史故事 6 个、四大发明 1 个等内容。详见表 1。

（二）英语"音话"课程

英语"音话"课程每学期安排十次课时，分为低、中、高三个学段。教师可以根据需要调整教学内容顺序，补充教材内容，拓宽学生视野，锻炼英语语言，提升学生的英语听说和理解能力，有效渗透中国传统文化，从而提升学生的文化自信。

英语音话课程纲要如表 2、表 3、表 4 所示。

表 1　北京版小学 1—6 年级英语教材中传统文化元素文本汇总

年级		传统节日或民族文化	生肖文化	类别		
				自然遗产或人文地理	古代诗词或古代历史故事	四大发明
一年级	上册	Unit 6 Happy Holidays Lesson 21 (P52) —Happy Chinese New Year! —The same to you.				
二年级	上册	Unit 6 It's Christmas Day. Lesson 23 "Let's act" (P57) 涉及内容:watch the fire works				
三年级		Unit 7 Happy Chinese New Year Lesson 23 (P50-P51) 涉及内容:Chinese New Year is a big holiday.				
	上册	Unit 7 Happy Chinese New Year Lesson 25 (P54-P55) 涉及内容:Let's celebrate Chinese New Year together.				
		Unit 7 Happy Chinese New Year Lesson 26 "Now I can write." ""Let's chant." (P57)				
		Unit 8 Revision Lesson 28 (P63-P65)				

续表 1

年级		类别				
		传统节日或民族文化	生肖文化	自然遗产或人文地理	古代诗词或古代历史故事	四大发明
四年级	下册	Unit 5 Is May Day a holiday? Lesson 17 (P38–P39) Lesson 17 (P41) 涉及内容:端午节相关习俗 Unit 8 Revision Lesson 28 (P63–P64) 节日文化相关背景:中秋节(赏月吃月饼、嫦娥奔月);端午节(屈原) Story Time Story 5 (P70) 节日文化相关背景:过年的传说 Story Time Story 6 (P71) 节日文化相关背景:嫦娥奔月的传说 Unit 6 Where can I fly the kite? Lesson 21 (P46–47) Lesson 22 (P49) 春节风俗及相关安全背景;春节逛庙会		Unit 5 Is May Day a holiday? Lesson 15 (P34–P35):visit the Great Wall in Shanhaiguan 涉及内容:长城		

续表 1

年级		类别				
		传统节日或民族文化	生肖文化	自然遗产或人文地理	古代诗词或古代历史故事	四大发明
五年级	上册	Unit 3 Can you tell me more about the Mid-Autumn Festival? Lesson 9 (P18-P19) 涉及内容:中秋节,重阳节,元宵节,端午节的日期及相关习俗 Unit 3 Can you tell me more about the Mid-Autumn Festival? Lesson 10 (P20-P21) Lesson 11 (P23) Lesson 12 (P25) 涉及内容:重阳节,春节,元宵节,端午节相关习俗 Unit 4 Revision Lesson 13 (P27) 涉及内容:元宵的制作 Unit 4 Revision Lesson 14 Can you write? Lesson 14 "Can you write?" (P31) 涉及内容:英文介绍中国传统节日 Unit 8 Revision Lesson 27 (P60-P61) 涉及内容:傣族,藏族和白族节日文化		Unit 5 Where are you from? Lesson 17 (P39) Lesson 18 (P40) 涉及内容:拉萨,呼和浩特,广州,上海等城市的方位 Unit 7 What will you do in Chengdu? L23,L24,L25,L26 (P50-P57) 涉及内容:中国的名胜古迹等自然遗产	Unit 4 Revision Lesson 13 (P28-29) 涉及内容:与春节,重阳节相关的古诗词	
	下册			Unit 7 Are you going away for the holiday? L23,L24,L25,L26 (P51-P57) 涉及内容:中国著名旅游城市		

续表1

年级		传统节日或民族文化	生肖文化	自然遗产或人文地理	古代诗词或古代历史故事	四大发明
六年级	上册	Unit 1 What did you do this summer? Lesson 1 (P2) 涉及内容:京剧和博物馆　Unit 2 What happened to your neck? Lesson 5 (P10-P11) Lesson 8 (P17) 涉及内容:中国武术	Unit 7 What are the twelve animals? Lesson 23, Lesson 24, Lesson 25, Lesson 26 涉及内容:生肖文化　Unit 8 Revision Lesson 28 (P64-65) 涉及内容:十二生肖故事	Unit 3 How did you go to Hangzhou? Lesson 9, Lesson 10 (P18-P21) 涉及内容:杭州,上海,香山等人文地理	Unit 5 When did the ancient Olympic Games begin? Lesson 15 "Listen, look and learn" (P35) 涉及内容:中国历史朝代的起始时间	Unit 4 Revision Lesson 13 (P28-P29) 涉及内容:四大发明
	下册			Unit 4 What's the weather like? Lesson 13, Lesson 14 涉及内容:北京,昆明等旅游城市的天气　Unit 5 When did the ancient Olympic Games begin? Lesson 18 "Listen, link and circle" (P37) 涉及内容:伊宁,威海,乌镇等著名景点的方位	Story time Story 4-1, Story 4-2, Story 4-3 (P69-P71) 涉及内容:曹冲称象故事　Story time Story 6-1, Story 6-2, Story 6-3 (P75-P77) 涉及内容:花木兰故事　Unit 1 What are you Looking for? Lesson 4 "the Foolish Old Man Removed the Mountains" (P8-P9) 涉及内容:愚公移山的故事　Unit 2 Can you tell me more about her? Lesson 6 "Let's do" (P13) 涉及内容:历史名人鲁迅,雷锋,聂耳	

类别

表2　英语音话课程(低学段)纲要

课程总目标
通过英语学习使学生形成初步的综合语言运用能力,促进心智发展,提高综合人文素养。综合语言运用能力包括五个方面:语言知识、语言技能、情感态度、学习策略和文化意识。英语课程的总目标是培养具有中国情怀、国际视野和跨文化沟通能力的社会主义建设者和接班人。作为学科育人价值的集中体现,英语学科核心素养进一步突出了英语学科工具性和人文性融合的特点,提出将文化意识的培养作为育人的重要目标。在"文化目标"中也增添了"具备一定的跨文化沟通和传播中华文化的能力"。 　　在本课程中,通过阅读绘本故事,对英文电影、动画的赏析、模仿,进而配音、演绎等方式,使学生形成初步的综合语言运用能力,提高人文素养。通过丰富课程资源,拓展英语学习渠道,为学生提供真实语言素材及语境,注重学生语言技能、语言知识的实践与发展,进一步培养学生的思维品质;初步建立文化意识,感受中国传统文化魅力,培养传播中华优秀传统文化的能力,具有一定的文化意识,增强民族自信和文化自信;学会与他人合作学习,学习兴趣持续保持,提升学习自信心。

课程进度	
第一课时	绘本故事 *The Special Lantern on Chinese New Year*
第二课时	绘本故事 *It's a zongzi.*
第三课时	绘本故事 *Frank the rat*
第四课时	绘本故事 *The biscuits*
第五课时	绘本故事 *Cool cat*
第六课时	电影 *Bambi* 片段赏析
第七课时	电影 *The Lion King* 片段赏析
第八课时	电影 *Rio 2* 片段赏析
第九课时	电影 *Kung Fu Panda* 片段赏析
第十课时	电影 *The Sound of Music* 片段赏析

表3　英语音话课程(中学段)纲要

课程总目标
通过英语学习使学生形成初步的综合语言运用能力,促进心智发展,提高综合人文素养。综合语言运用能力包括五个方面:语言知识、语言技能、情感态度、学习策略和文化意识。英语课程的总目标是培养具有中国情怀、国际视野和跨文化沟通能力的社会主义建设者和接班人。作为学科育人价值的集中体现,英语学科核心素养进一步突出了英语学科工具性和人文性融合的特点,提出将文化意识的培养作为育人的重要目标。在"文化目标"中也增添了"具备一定的跨文化沟通和传播中华文化的能力"。 　　本课程中,通过观看视频、图片、绘本等,了解传统文化中秋节、端午节,以及《年》《猴子捞月》传统文化故事。通过学习,学生乐于用英文简单介绍中国文化和习俗;能在教师的帮助下表演小故事或小短剧;能在小组内做简单的角色朗读或表演;对继续学习英语有兴趣;能在学习中乐于参与、积极合作、主动请教,养成良好的英语学习习惯。

课程进度	
1. 端午节	观看介绍端午节视频,了解端午节的时间、食物、活动、由来等,学习重点知识的英文表达、单词句型等,尝试语篇的朗读 回顾端午节视频,并跟读。重点介绍端午节的由来,有关屈原的故事 制作端午节思维导图,并以小组为单位,尝试用英语介绍端午节
2. 中秋节	观看介绍中秋节视频,了解中秋节的时间、食物、活动、由来等,学习重点知识的英文表达、单词句型等,尝试语篇的朗读 回顾中秋节视频,并跟读。观看有关中秋节由来的故事(《后羿射日》) 制作中秋节思维导图,并以小组为单位,尝试用英语介绍中秋节
3. 年兽	阅读介绍年兽的语篇故事,了解绘本故事《年》。学习重点知识的英文表达、单词句型等,尝试语篇的朗读 观看有关年兽的英文绘本,小组内讲故事
4. 猴子捞月	阅读介绍《猴子捞月》的语篇故事,了解民间故事《猴子捞月》。学习重点知识的英文表达、单词句型等,尝试语篇的朗读 观看有关《猴子捞月》的英文动画,小组内分角色表演

表4 英语音话课程(高学段)纲要

课程总目标
通过英语学习使学生形成初步的综合语言运用能力,促进心智发展,提高综合人文素养。综合语言运用能力包括五个方面:语言知识、语言技能、情感态度、学习策略和文化意识。英语课程的总目标是培养具有中国情怀、国际视野和跨文化沟通能力的社会主义建设者和接班人。作为学科育人价值的集中体现,英语学科核心素养进一步突出了英语学科工具性和人文性融合的特点,提出将文化意识的培养作为育人的重要目标。在"文化目标"中也增添了"具备一定的跨文化沟通和传播中华文化的能力"。 　　在本课程中,通过对英文电影、动画的赏析、模仿、配音、演绎等方式,使学生形成初步的综合语言运用能力,提高人文素养。通过丰富课程资源,拓展英语学习渠道,为学生提供真实语言素材及语境,注重学生语言技能、语言知识的实践与发展;初步建立文化意识,感受中国传统文化魅力,培养传播中华优秀传统文化的能力;小组合作展演提高学习效率和发展自主学习能力;兴趣引领的积极情感态度促进学生的主动学习与持续发展。

课程进度	
第一课时	*Kung Fu Panda* 2 片段赏析(一)
第二课时	*Kung Fu Panda* 2 片段赏析(二)
第三课时	*Mulan* 片段赏析
第四课时	*Journey to the West* 片段赏析(一)
第五课时	*Journey to the West* 片段赏析(二)
第六课时	The invention of compass
第七课时	The invention of gunpowder
第八课时	The invention of paper-making
第九课时	The invention of printing
第十课时	The West Lake - the pearl of Hangzhou

在本课程中,不同学段的学生通过阅读绘本故事,利用对英文电影、动画进行赏析、模仿、配音、演绎等方式,形成初步综合语言运用能力,提高人文素养。通过丰富课程资源,拓展英语学习渠道,为学生提供真实语言素材及语境,注重学生语言技能、语言知识的实践与发展,进一步培养学生的思维品质;初步建立文化意识,感受中国传统文化魅力,培养传播中华优秀传统文化的能力,具有一定的文化意识,增强民族自信和文化自信;小组合作展演提高学习效率和发展自主学习能力;兴趣引领的积极情感态度促进学生的主动学习与持续发展。

(三)探索了提升小学生文化自信的学习策略

1. 体验式学习

以主题意义引领的学科实践作业,提升了学生的文化意识,拓宽了学生的视野,更加培养了学生的家国情怀。

例如,春节实践作业布置过程中,课题组教师让学生以春节为主题,设计制作学科实践作业。低段的学生以画报或图片的形式完成有趣的年味儿作业,了解中国的春节文化及习俗,从小就养成热爱祖国的意识。中段、高段学生运用所学英语语言知识,进行知识的整合运用,做成有特色的英文Lapbook 或英文小报,用英文讲中国节日文化,夯实基础,落实学科核心素养,形成一定的文化品格,从而提升文化自信。2022 年端午节期间,由于疫情,学生居家学习,笔者所在课题组教师设计了多样的实践作业,如穿汉服、包粽子、吃粽子、做香包等活动,学生及家长的反馈很好。

2. 情境式学习

课题组教师运用音视频、绘本故事创设情境,引导学生学习了解中国传统文化,体验中华优秀文化的博大精深。在情境中汲取正能量,践行社会主义核心价值观。

例如,北京版小学英语六年级上册 Unit 7 "What are the twelve animals?"第五课时,教师设计了阅读与十二生肖相关的绘本故事,并让学生以角色扮演的方式理解故事。在角色扮演的过程中,培养了学生的小组合作精神和自主学习能力,也培养了学生搜集信息、整理信息、解决问题的能力。通过角色扮演,学生更加深刻地感受到中国生肖文化的魅力,学会了用英文介绍自己和家人的生肖特点,既锻炼了语言表达能力,也培养了跨文化交际的能力。

四年级下册 Lesson 17 介绍端午节习俗,教师补充了背景知识的视频,辅助学生的学习,让学生了解了爱国诗人屈原的事迹,激发爱国主义精神。

3. 视听学习

落实"双减"政策以来,课题组教师充分利用课后服务时段进行英语音话课程学习。音话课程有效地补充了教材中传统文化元素的内容。学生在补充的视听材料中进一步了解中华优秀传统文化背景知识,也是对教材中传统文化课程资源的补充,从而进一步落实课题研究的目标。

4. 讲述中国经典故事

在北京版小学英语六年级上册 Unit 4 Lesson 13 Page 28-29 教材中,介绍中国四大发明在人类文明史上的重要和深远意义。学生通过学习,了解中国悠久的历史,习得语言的同时,学会用英语介绍中国古文化,更加增强了民族自豪感。北京版小学英语六年级下册 Unit 1 Lesson 4 "the Foolish Old Man Removed the Mountains",文段内容为中国经典故事《愚公移山》,课后,学生分成小组表演课本剧。学完故事,激发了学生的表达愿望,纷纷表示要团结、要勤奋、要有耐心,恰当地进行德育渗透。这样的经典故事,激发学生对英语文化和英语学习兴趣的持续保持,在提升语言能力的同时积累文化底蕴,能够促使学生在坚定文化自信的同时,培养学生的国际视野,提升国际理解能力。

(四)形成了多样性的实践评价体系

教师在教学中要注重传统文化给学生带来的长期的、浸润式的影响,要从"回归生活"的角度进行评价,注重多样性的评价策略。例如积极开展学生自评、生生互评、教师评价及家长评价,以完善教育实践评价体系,关注学生各个方面能力的提高,体现学生的全面发展价值,同时使评价结果更加真实、客观。在实施过程中,采用访谈法、问卷调查法、成果呈现法(情景表演、小报、讲述经典故事)等,了解学生对中国传统文化的理解和认同,从而涵养家国情怀,坚定文化自信。

四、实践效果

笔者所在课题组的初步实践研究发现,多种课程资源的有效整合、开展丰富多彩的活动可以帮助学生在轻松愉快的氛围中体验活动的意义,实现传统文化与生活的有效衔接。学生可以通过英文讲述中国故事、背诵经典、角色扮演深入体验中国传统文化主题,并在实践的基础上增强文化认同感、提升文化自信。在实践活动中,促进学生语言能力的发展,培养学生的思维品质,进一步唤起学习语言的兴趣,提升文化品格,提升学科核心素养和学科育人价值。

五、结语

通过一段时间的实践研究,笔者发现,学生在传统文化的认知、理解上需要提高。大部分学生对中国传统节日的习俗了解较多,对人文地理、古代历史人物、诗词与故事的了解较肤浅,有待后续研究材料的补充与提升。学生更乐于体验式学习、视听学习,通过实践,模仿能力强、基础好的学生能够真实演绎中国传统文化故事,夯实了英语语言,拓宽了学习视野,更加增强了爱国情怀,坚定了文化自信。

在后续的实践研究中,笔者及课题组教师将继续充分挖掘利用小学英语教材中的传统文化元素,有针对性地加强指导,让学生在教师设计的多样化的教学活动中体验中国传统文化之美,增强文化意识,涵养家国情怀,坚定文化自信。

让音乐充满人生，让快乐伴随终身

——基于音乐实践活动促进小学生审美体验的策略

■ 何 立

一、音乐实践活动与审美体验

音乐实践是指能够提高学生学习兴趣，提升学生音乐感知力，提高学生审美能力的活动。在音乐教学中，要给学生自主参与教学实践活动的时间和空间，营造氛围，创设情景，让其充分感受、体验、表现和创造音乐，获得审美愉悦体验，增强进一步学习音乐的兴趣和信心。即在一定程度上调动听觉、动觉、视觉、触觉等，引导学生多感官地体验音乐，让学生在玩中学、动中学、乐中学，激发他们学习音乐的兴趣。音乐教育的本质是审美教育。音乐审美教育是一种特殊的精神活动，从审美感知开始，进入审美体验，最后达到审美启悟。它贯穿于创作、欣赏、表现的全部实践活动中。审美体验是一个逐层递进的活动过程，需要倾听感知，需要思考，需要情感投入，更需要积极参与。美的感染必须通过自身的体验才能获得，音乐审美教育不仅要完整地体现在音乐教育观念中，更要体现在音乐实践的活动中，体验是初级的感受，是进一步的思考、理解、欣赏的过程。具体的实践活动中笔者依据这个规律逐步深入，努力促进音乐作品与学生积极有效地沟通，使学生自觉投入音乐审美体验中，以心灵感应音乐，引导学生逐渐提升体验的层次。从而充分发挥音乐以情感人、以美育人的作用。

教师在教学实践中必须自己先被音乐的美打动，带着这种音乐的美点燃学生的心灵，与其产生共鸣，以音乐中丰富的美感来陶冶学生，进而使学生逐步形成健康的音乐审美观念和高尚的道德情操。

二、音乐实践活动的类型

音乐学科课程内容包括"欣赏""表现""创造"和"联系"四类艺术实践。音乐"欣赏"教学中的实践活动有体态律动法、器乐演奏法、图谱法、听赏与评述法等。体态律动法是用肢体参与音乐实践活动的方法;器乐演奏法是用打击乐器或课堂乐器参加音乐实践活动的方法;图谱法将流动的转瞬即逝的音乐旋律用直观的图表示;听赏与评述法是能听辨音乐中的情绪和情感变化,并判断是哪些音乐要素引起音乐情绪、情感的变化。对学生丰富情感体验和审美体验、积累欣赏音乐的经验、理解音乐相关文化、提高审美情趣具有重要作用。

音乐"表现"教学中的实践活动有律动法、舞蹈表演法、唱游法、创设情景法、乐器伴奏法等,丰富演唱表现形式,激发学生演唱兴趣,提高演唱能力,提升表演水平,也是学生最易于接受和乐于参与的音乐实践活动。

音乐"创造"教学中有探索音响与音乐、即兴创编、创作实践、识读乐谱等实践活动。教学中,为学生提供表演的机会,让孩子们尝试用动作合理地表现节奏,根据音乐自编动作表演的形式来创造性地表现音乐。结合歌曲的创作,有计划、有意识地安排学生结合歌曲内容中的可转化之处进行创编活动,鼓励学生举一反三,学会变通,大胆尝试。

音乐"联系"教学有音乐与姊妹艺术的联系,音乐与艺术之外的其他课程的联系,音乐与社会真实情境的联系,与学生个人生活、情感、需求的联系。1~2年级的趣味唱游教学,就是以歌唱为主,融演奏、律动、即兴表演、舞蹈表演等为一体,开展富有趣味的综合性联系教学活动;而3~7年级以音乐为主的有机融入,将能够触动学生思维、激发学习兴趣的舞蹈、戏剧、影视等内容,有效地融入教学主题及艺术实践中,在欣赏、表现和创造等联系实践中开阔学生文化视野,提升学生文化素养。

三、促进学生审美体验的推进策略

音乐教学是一个实践活动,同时也是一个表现美的过程。笔者认为这个过程的安排必须通过认真研究,精心设计实施,结构合理,层次分明,遵守学生的认知规律,符合审美情趣,表现音乐特征。因此在教学中为促进学生审美体验深入,笔者用了以下策略。

(一)在倾听感知中体验美

小学生普遍具有探索认知新事物的强烈兴趣,在这个阶段充分利用视觉、听觉、嗅觉等多种感官感知的教学场景,借助各感官之间产生的联觉,引导学生有效地感知蕴含在音乐中的美,可自然而然激发他们的情感和参与的兴趣,有助于学生丰富审美体验,提升审美情趣。

如欣赏管弦乐《玩具兵进行曲》时,当学生听到小军鼓、小喇叭、大管分别进入时,让孩子们拍手表示听出来了,其目的是让学生多熟悉曲子。复听时请学生听着小军鼓的节奏精神抖擞地走和蹲下身子轻轻地走,表示听到小玩具兵从柜中偷偷爬出来;听到音乐节奏强烈时,挺直身子学着军人英姿飒爽的样子走,走着走着,就随着音乐高兴地跳起来。通过变化多样、生动活泼的形式引导学生全身心地参与音乐活动中,使每个孩子都跃跃欲试,迫不及待地想表演,整节课学生始终处在兴趣盎然中。这种趣味化、游戏化的音乐教学方法,能让孩子们保持对音乐学习的积极心态和愉悦体验,使音乐真正走进孩子们心中,成为其心灵里最美好的东西。

(二)在思考中体验美

感知的积极投入为进一步理解音乐奠定了基础,此时审美体验又更进了一步。

留给学生大量的空间去听、去思考、去唱、去演,再带着思考去感受体验美,使学生在以体验为核心的实践中,提高音乐素养和创造能力。只有当学生参与音乐活动中,与音乐融为一体,自己主动地去探索、思考、领悟、感受时,对音乐知识的理解掌握,特别是对音乐的欣赏与创造才会成为可能。

如欣赏民族交响乐《大海》出示这条节奏:

2/4　　×××××××|×××××××|×××××××|　×　　×　　|　0　　　　0
　　　　　|　0　　　0　　　　　||

先拍击出"　━━━━━━━"的音响效果,再借助身边的材料,让学

生在 1—3 小节敲桌子模拟鼓的声音;第 4 小节用两个铅笔盒相碰以模拟民族打击乐钹的声音;第 5、6 小节休止处用嘴吹以模拟海风呼啸的声音。

第一次拍击后:

生 1:"大海和礁石生气了,它大吼着脾气可大了,可我们拍出的声音好像大海没有生气。"

生 2:"我模拟的海风声能以假乱真,不信,你们听。"他边说边用嘴吹,好像怕别人不相信似的。

当笔者用眼神和手势示意再次体验拍击节奏时,许多学生都屏住呼吸,瞪大眼睛,直直地盯着笔者的指挥,生怕出错。当拍到"f"时,一学生脸涨得通红,用尽全身力气敲击……孩子们投入地拍击,无不发自内心。

第二次拍击后:

师:"大海脾气真大,它一头撞到岩石上,我惊呆了,海水溅到身上,竟然没有感觉到!"

生 1:"看到这么凶猛的大海,我非常害怕,心想快跑,不然会被淹死的!"

生 2:"大海你是不是有很伤心的事? 小心点,那样会把你和礁石都撞疼的。"

师:"音乐是怎样表现这种紧张的情景的?""渐强的力度、密急的节奏除了表现波涛汹涌的大海,还可以表现什么情景?"

情感是音乐审美过程中最活跃的心理因素,教学中笔者以自己对音乐作品的深入理解和动情表现启发学生积极思考,激发学生的情感共鸣,鼓励学生勇于表达自己的审美体验。当学生感到轻松快乐,才会主动投入活动,才会自觉观察、主动思考,直到理解音乐作品并获得愉悦健康的审美体验。

(三)在表现中体验美

通过唱歌使学生亲自探索体验各种音乐要素,直接感受旋律的发展变化,学会听辨自己或同学演唱得准确与否、优美与否、和谐与否。在此过程中,学生掌握技能、技巧越娴熟,自信心就越强,表现音乐的艺术水平也就越高。他们的表演技能得到了提高,审美能力也上了一个新的台阶。

教师在教学实践中把"学习知识技能,提高审美能力和创造能力"隐藏在以人为本,生动活泼的演唱、演奏、创造、欣赏等审美实践活动中,使学习知识技能的过程始终贯穿着学生的情感参与,并充满音乐性、充满美感、充满趣味。

如:歌曲中的发声练习2\4

033 3 | 3 1 |　0 55 5 | 53 |　0 11 1 | 15 |　5 43 2 | 1- ‖

哩哩哩 哩哩　　啦 啦啦 啦 啦　　哩 哩哩 哩哩　　啦啦啦啦 啦-

嗖嗖嗖嗖 | 嗖嗖 | 嗖嗖嗖嗖 | 嗖嗖 | 嗖嗖嗖嗖 | 嗖嗖 | 嗖嗖嗖嗖 | 嗖-

笔者带领学生一起玩抖空竹游戏,引导学生玩出不同花样、不同节奏,引领学生关注其发出的不同声音。引出连音和非连音,特别是两个四分音符"嗖嗖"一上一下地卷动时的连贯和流畅。在指定的节奏下用连音和非连音玩。让学生把抖空竹富有弹性而又利索的非连音与流畅的连音带入歌声里,完成声音的嫁接。在边玩边唱中,学生把玩的感觉和唱的歌声融为一体。以玩溜溜球为桥梁,突破了发声练习"一学谱,二唱词,三处理"的枯燥形式,按照"自由地玩—引导性玩—体验性玩—体验性唱"的方法,为扎实学习连音和连音唱法找到了一个联结点。在精心设计的教学实践活动中,笔者很顺畅地完成了教学目标,学生学得有趣。

再如切分音教学,教师创设情境"老师家里养了一只很可爱的小白兔,每天蹦蹦跳跳很开心",出示节奏:

1. 我家有只 | 小白 兔 | 蹦蹦跳跳 | 蹦蹦跳跳 | 真可 | 爱 — ‖

让学生在创设情境中读节奏。师:"可是有一天,它伤了一条腿,快乐的小白兔变成了瘸腿小兔子。"出示节奏:

2. 我家有只 | 小白 兔 | 蹦 蹦 跳 | 蹦 蹦 跳 | 真可 | 怜 — ‖

学生带着忧伤的心情读该节奏。切分音这个音乐知识,伴随着模拟小白兔受伤时走路的声音和感受,伴随着对小白兔的关爱、呵护的情感体验,逐渐深入孩子们心里,使枯燥的音乐知识变成了一个有情感的小精灵。在这种充满趣味、充满美感的学习过程中,孩子们不知不觉已掌握了切分音。

（四）在创造中体验美

在欣赏教学中,用诗歌、短文、图画表达对音乐的感受和体会,让学生边听音乐边根据自己的已有知识经验自由想象,学会跟音乐对话,学会让心情与音乐产生共鸣,在兴趣盎然中体验音乐的美,有益于开发学生的创造潜能。下面是笔者设计的课例。

欣赏民乐合奏《阿细跳月》

师:"每次出现主题乐段除了用不同乐器演奏外,还有什么不同?"

生:"演奏速度、力度有所不同。"

师:"乐曲为什么要用不同的演奏速度、力度表现主题乐段?"

生:"为了表现舞蹈的场面不同和队形的变化。"

教师让孩子们再次聆听全曲,引导孩子们对乐曲有感而发。

生1(用一段话表示):

夜幕降临,人们在草坪上点燃篝火,跳月舞会开始了,大家边拍手边跳,共庆丰收,队形一会儿变成大圆圈,一会儿变成小圆圈,一会儿又变成一横排,人们欢笑着……

生2(写了一首小诗):

人从四方来,

欢乐笑满怀。

笑从何处来,

丰收一排排。

生3(写了一首小诗):

旷野星空静,

丰人喜乐怀。

火地狂笑舞,

人好更丰年。

孩子们通过亲自"参与音乐"深深感到了音乐中最激动人心和极具表现力的部分。有的作品即使写得不那么完美、绘画不那么逼真,但当学生们把作品展示给全班同学时,他们的创新能力已在无形中获得,也即"随风潜入夜,润物细无声"。

四、结语

通过一段时间的实践,学生亲自探索体验各种音乐要素,直接感受旋律的发展变化,学会听辨自己或同学演唱得准确与否、优美与否、和谐与否。懂得了上课遵守纪律,形体端正就是美;衣着干净整洁就是美;对同伴的评价能理性地接受就是美;安静地聆听音乐,能自然、富有表情地演唱就是美;大胆积极地参加音乐表现活动就是美;乐于和别人合作表演音乐也是美。就这样,学生懂得了美的内涵,有了美的意识,养成"欣赏音乐—情感体验—延伸思考"的思维习惯,慢慢步入"日渐丰富的情感体验—越发热爱生活—审美情感逐步提高"的良性循环。在此过程中,最关键的是有效地提高了整体审美感受力,而且音乐学习的兴趣大大增强。课堂上,学生聚精会神,表演前跃跃欲试,表演时神采飞扬,甚至不愿下课,绝大部分学生都表示音乐学习让他们体验到了集体声音真美,让人身心愉悦。

音乐的学习是一个绵延不断的过程,需要教师和学生不断学习,在音乐实践中体验美,才能潜移默化地形成健康的审美情趣。笔者将在音乐实践的路上继续追求和探索,让音乐充满人生,让快乐伴随终身。

"双减"政策下,德育教育渗透在小学书法课堂中的实践研究

■庞 娜

汉字是中华民族聪明才智和人文精神外化于行的凝结,在五千年历史更迭中,汉字始终肩负着文化传承载体的使命,俨然成为中华民族的文化象征。当下,汉字更是书面信息传播的主要媒介。而以汉字为载体的书法作为中华传统文化的精粹,在全面实施素质教育以来更是被纳入国家基础教育的序列中,成为基础阶段各级学校教育的重点内容之一。小学作为基础教育的开端,开展好书法教育,不仅能起到提高小学生汉字书写基本技能的作用,还能在有效地提高小学生文化素养之余,推动中华民族传统文化的继承和弘扬。

书法教学常常将文字与做人道理联系起来,如"一撇一捺写人生""字如其人"等都形象地描述了书法所具有的多重育人功能。小学书法学科作为书法学习的奠基阶段,尤其要注重对书法学科育人功能的深入挖掘,小学生的年龄特点使之在书法学习活动中难以保持较长时间的高度注意力,因而相关教学活动需要科学设计、优化组织。

自2011年教育部《关于中小学开展书法教育的意见》和2013年教育部《中小学书法教育指导纲要》提出以来,大多数小学陆续开设了书法教育课,将书法纳入学校教育的体系中,但是纵观当前书法教育在小学阶段的实施,发现进入高年级学段由于面临着小升初的学业压力,许多学校虽然设置了专门的书法课,但是由语文教师兼任书法课程的情况较多,课堂时间不能专时专用、学生对书法练习的兴趣不高、课后练习时间不足或课后无练习时间

等现象时有发生,使得书法教学还没有形成科学有效的教学方式与方法。

"双减"政策是国家在基于对切实提高学校教育教学质量和谋求素质教育改革走向纵深的基本前提下提出的更进一步的改革要求。在这一政策的驱动下,基础教育各级学校的学科教育目标也发生了相应的变化。

自2014年年初起,笔者所在学校便将书法课纳入学校教育体系中,并在课程计划中以1课时/周的频次,统一为各年级安排了单独的书法课,设置了专职书法教师。轰轰烈烈的课程改革背景下,学校围绕"提高学生汉字书写技能"这一目标进行了系列的专题教研活动,初步形成了"以学生发展为根本"的书法教育教学观,也在学校内开展了诸如书法比赛、书画文化节等多元化活动。

甄选优秀运动员为国争光的典型案例,与具体的书法教学内容联系起来,比如"国""坚韧"等字、词,以讲述冬奥故事的形式进行"说文解字",将字词间架构生动阐述,有效地增强了小学书法学科教学的氛围感和情境化。如1992年第16届冬奥会上,我国女选手叶乔波在比赛中带伤上阵,顽强拼搏,夺得500米和1000米两项速滑的银牌,为中国实现了冬奥运动会奖牌零的突破。她挂着冰刀去,坐着轮椅凯旋,成为当年的体坛神话。2018年的平昌冬奥会,零下2摄氏度的温度,汤加唯一的运动员皮塔赤裸着涂满椰子油的上身,穿着极具特色的民族服饰,代表自己的祖国出战。参加冬奥会,皮塔面前有三大挑战:没雪、没钱、太重,但他克服种种困难,借钱参加了冬奥会。在越野滑雪男子15公里自由技术比赛中,皮塔在119名参赛选手中名列第114位,比冠军慢了将近23分钟。但正如他所说:"我不畏惧失败,而怕没去尝试。"能站在冬奥赛场上于他而言已然成功。将书法教育与中华民族体育精神紧密结合,丰富教育内容。对于提高书法教学魅力,提高书法教学实效有着深刻意义,不仅仅是对学生书法技能的提高,更重要的是对中华民族体育精神的弘扬。

通过这几年相关活动的积极参与,学生的文化自信也得到极大提高,对包括中国书法在内的诸多传统文化内容颇为感兴趣,积累了丰富的传统文化知识,对于中国书法文化法治脉络有了较为清晰的认识。尤其是在品鉴过程中感受到了书法艺术创新性发展的必要性,开拓了学生书法创作的视野,使发扬中国书法文化的种子在学生们的心中生根发芽。

德育生活化的探究和实践

■ 杨文敏

以"微生活"引领小学"大思政课"的教育要把人培养成自觉的生活建构者,就是要人学会关注生活、反思生活、改变生活。生活论德育首先要从关注现实的生活开始。鲁洁先生指出:"通过关注,自在的生活被主题化,原有的生活经历被置于意识形态之中,成为学习者所明晰感知的事物,从而有可能转化为自觉的学习对象。"生活经验在关注中被"再经验",使经验得到深化。

一、构建德育生活化内容体系,让德育回归生活

亚里士多德把道德分为心智和德行两个方面,心智方面的道德以知识为基础,是可以教授的;而德行方面的习惯、信念却是不能传授的,只能在生活中形成。

因此,德育生活化的起步要从抓好班级中点滴小事做起,从营造生活中良好的育人氛围做起。

(一)要树立"时时处处有教育""方方面面有渗透"的观念

我们要善于捕捉生活中的教育契机,切实有效地组织道德与法治教育活动。如在金秋季节,学校校园的果树成熟了,我们就依据这一生活素材开展了题为"采摘节"的活动,一方面请学生亲自采摘水果并带到学校,另一方面教师和家长积极收集各类水果和相应的图片、实物。于是,学生在尽情地品尝自己动手采摘的美味之余,又了解了各种水果的不同特点和来源,有效

地丰富了学生的生活经验,而且让他们也学会了采摘时要有秩序、有顺序、谦让,做到文明有礼。

（二）在生活中要细致观察,及时抓住学生的兴趣点

教师要以敏锐的观察力及时捕捉来自学生的稍纵即逝的生活信息,充分发挥它们的教育价值。比如在一次户外活动中,几个学生仰着头,小手指着附近建筑工地上的大吊车,议论纷纷,不一会儿,参与议论的学生越来越多。如何利用这辆大吊车,发挥它的教育价值呢? 笔者即刻组织学生走近吊车,观察吊车的运作过程,让学生了解吊车的作用,知道吊车能帮助我们解决许多困难,为生活带来便利。此外,我们必须对偶发事件迅速做出反应,调整教育策略。比如我们生活在寒冷的北方,可以利用冬天室外会结冰,再结合着冬奥会,让他们知道冰上有很多的运动项目。接着问他们:"你知道具备什么样的条件才可以参加运动比赛吗?""你们知道什么样的情况下运动员将被禁赛?"引出违禁药品。"为什么运动员沾染违禁药品就被禁赛了呢?"引出违禁药品的危害。

二、思政课教育活动导入生活化

道德与法治教学活动的导入仿佛是优美乐章的"序曲"。如果设计和安排得富有艺术性,能吸引学生,便能使其燃起智慧火花,开启思维闸门。道德与法治教育的内容绝大多数可以联系学生的生活实际,找到活动内容与学生生活实际的"切入点"。所以,创设两者相结合的情境导入活动,就能调动学生参与活动的积极性。比如在引导学生怎样遵守交通规则时,教师一开始就直接地问:"同学们,你们喜欢和老师做游戏吗? 请举起你们的手。"（学生很坚定地举起了自己的手）此时,教师不动声色,马上直奔主题,问:"你知道你举起的是左手还是右手吗?"这时学生会兴趣盎然地集中注意力。然后教师说:"今天我们就要来做左右的游戏。左手和右手是一对好朋友,你们能从自己身上找出像这样的好朋友吗?"这样的导入贴近学生的生活,沟通了交通知识与现实生活的联系,拓展了学生的思路,使学生很快地在游戏状态中学习了交通知识,知道我们的交通规则是靠右行驶。

三、思政课教育活动形式生活化首先是日常活动形式的生活化

在参观学校时,笔者首先带着学生到校园里进行观察,并通过交谈,既了解了学生的已有经验,又适时地丰富了学生的认知范围。在以后的各种活动中,如要注意安全、不要有噪声,再进一步引导学生观察、感知。另外,为了让学生了解各个教室和各种设施的作用,笔者带着学生到实地走一走,帮助学生把知识迁移到日常生活中去,为学生现在及将来的生活作充分的准备。其次是参加户外活动。在户外活动中,一路风景、一路学问,学生全身心地投入大自然、大社会中,感受着大自然的奥秘,感受着大社会的丰富多样。在活动中,学生的情绪始终是积极的,获得的经验也是直接而又感性的。比如在初冬时,组织孩子们到公园活动,他们对小树上缠着的草绳产生了兴趣,于是笔者进行适当的引导,让学生去寻找小树过冬的其他方法,使他们学会怎样爱护花草树木,怎样做一个文明的小学生,从行为上和思想上让他们感受花草树木也是有生命的,要学会尊重它们,帮助学生养成良好的行为习惯。

四、思政教育活动时间生活化

在日常教学活动中,教师往往有这样的体会,消耗大量的时间备课、制作教具、准备材料,可教育效果并不一定理想。课堂上再生动的教学方法,有时比不上一只误闯教室的蝴蝶更能引起学生的兴趣。这就要求教师做到思政教育时间生活化,善于抓住日常生活中的现象对学生进行"活"的教育。比如在一次活动课上,上节刚上完美术课,笔者发现一个学生正在画自己一天的生活轨迹图,而且还给笔者介绍说这是周六一天做的事的图画。突然,笔者灵光乍现,就顺势把这幅画挂到黑板上,让学生们观看,并说说自己看到的内容。学生就像炸了锅一样,争先恐后地表达自己的想法。笔者顺势给学生们布置了任务:"那我们今天就开画展吧,看谁画得好,要求有时间,有地点,有图画,有任务,你想干什么,具体要完成几件事都要体现在画中。"学生们热情高涨,很快就完成了自己的作品并展示给大家看。第二周我们再上课时,学生们开始谈论自己上周末跟着图画过周末,发现非常有意思,

所有的作业也写完了,而且也得到了爸爸妈妈的陪伴,去了很多地方,开阔了眼界。笔者顺势就提出了我们的主题:事前有计划,生活不忙乱,让他们感受到合理安排时间带来的快乐,达到教学目标的升华。

生命在于运动,教育在于活动。苏霍姆林斯基说过:孩子愈少感到落在自己头上的教育设想,教育的效果便愈大。因此,倡导生活德育观,以日常生活为中心,以活动为中心,以学生发展为中心,淡化教育痕迹,创设民主、平等、轻松、和谐的环境,增强学生主体意识,发展学生主体能力,让他们的生命潜能在丰富多样的生活中得以充分释放,是我们当下德育生活化的追求,也是未来社会创新的前提。

用优美的歌声拨动孩子们团结协作的
心灵琴弦

■ 何 立

奥林匹克精神的内容是"相互理解、友谊长久、团结一致和公平竞争"。作为音乐教师，在学校"五育并举、全面育人，激发成长动力"的办学理念下，协调发挥音乐学科的育人功能，利用音乐学科的优势巧妙地传播冬奥精神。应用各种教学手段把奥运精神中团结合作的深厚内涵融入音乐活动中，渗透到音乐教学的每一个环节，用优美的歌声拨动孩子们团结协作的心灵琴弦。

一、创设情境表现音乐，建立与他人合作演唱的经验

创设情境，保持学生良好的心境，这是孩子与同伴顺利合作的前提条件。孩子们在创设的情境里产生愉悦和美感，才会主动与同伴参与音乐活动。当他们兴致高涨地对音乐有积极的反应时，合作经验的建立就有了基础。

在教授人民音乐出版社小学音乐教材二年级上册第七课《大海》时创设情境。师：老师想带大家去一个新地方，谁听出来了请举手悄悄告诉老师。（放海浪声。）师：老师请大家看海的方式有些奇怪，不用眼睛看，而是用耳朵和心灵去感受。听完以后要告诉我大海是什么样的？（放《海》的伴奏音乐一遍。）（生：很美的；平静；脾气很好的；温柔的……）师：请每位小朋友都变成一朵美丽的浪花，把我们的教室变成温柔平静的大海，随音乐表演。师：请每朵浪花坐在位置上把手伸出来，随音乐节奏用手势掀起姿态各异的

美丽的浪花。师:温柔平静的海面上什么都没有吗?(生:海里还游着各种各样的鱼!)(生:海面上还有行驶的船!)(师生共同演绎美丽的大海。)师:多美丽的大海啊! 音乐家叔叔看小朋友这么喜欢大海,特意为我们写了两段歌词。[(1)读词。(2)把握好情绪后用"mu"及歌词正确演唱。(3)小组合作,表演唱。]

毋庸置疑,教师创设的情境是一种催化剂,通过听、看、演、唱等不同方式激发一年级学生与别人合作演唱的兴趣,使音乐课堂始终处于音、情、景交融的学习氛围中,学生在享受歌唱美的同时,积累了与别人合作演唱的经验。

二、用不同的演唱形式,逐步增强合作意识

课程标准曾指出:要重视和加强合唱教学,使学生感受多声部音乐丰富的表现力,尽早建立与他人合作演唱的经验,培养群体意识及协调合作能力。在音乐活动中,学生初步建立与他人合作演唱的基本经验后,用齐唱、对唱、轮唱、合唱等不同的演唱形式表现歌曲,感受相互协调配合带来的丰富的音乐表现力及集体荣誉感,有助于孩子们养成合作的意识。

1. 齐唱促进合作,激发向心力

复课后,课堂上首先让孩子们对中外应对疫情的做法发表了自己的见解。请学生们齐唱《中华人民共和国国歌》,以表达对祖国的热爱之情。齐唱要求众口其一,大家集中注意看指挥,随指挥的要求一同开始、一同换气、一同停顿、一同结束。复习三连音。"说说作品中三连音给你什么样的感受?"生1说:"三连音好像是在吹号,招呼人们奋起战斗。"笔者顺势引导说:"是共产党吹响了应对疫情的集结号,全国人民众人同心,其利定能断金。"再次用齐唱表现众人同心的声音力量,第二次演唱时教室里静得出奇,学生的认真劲儿仿佛是集结在一起的战士,指挥用眼神和手势示意开始时,许多学生都认真地盯着指挥,当唱到三次"起来""f"的力度时,学生们铿锵有力的齐唱声充满了整个教室,展现了新时代少年蓬勃向上的力量。强烈的爱国热情在孩子们心中激荡。一个国家,一个集体,一个家庭都需要有合作意识才能有旺盛的生命力。

2.有层次地配合演唱,丰富表现力

教授歌曲《赛船》时引导学生:"用什么表现方式能使歌曲听起来更热闹?"学生展开了热烈的讨论。生1:"可以一半学生唱歌,另一半学生当'啦啦队'。"生2:"一部分学生唱,一部分学生带韵律地喊'加油、加油'。"学生很来劲,个个跃跃欲试,教师顺势将学生分成两组,一起来感受这种表现形式的实际效果,但又发现了问题,声音听起来"闹"了,音乐作品不太美了,便引导学生懂得《赛船》时队员劲儿往一起使,动作一致,注意力也集中在一起,稍有声音或动作的干扰都会削弱、分散集体的协同作战能力,作为啦啦队,声音的力度是"mp"中强,啦啦队的节奏要统一、有力。学生们明白了相互聆听配合才能使歌曲听起来层次感丰富,也热闹了许多。

3.轮唱提升集体凝聚力

赛船的场面可激烈了,大家争先恐后,一会儿你快,一会儿我快。教师请全体学生尝试轮唱的方法表现歌曲,相隔一小节模仿,两声部分层次、均衡地前后进入,此起彼伏、前后呼应,重要的是同学间相互聆听,声音要你中有我,我中有你,教师借助指挥使抽象的音高变得形象,并使学生感受到有向心力、凝聚力的集体是最棒的集体。学生在游戏般的音乐活动中感受到了赛船激烈欢腾的场景,在愉悦自由的集体活动中感受到同学之间相互配合所带来的喜悦,也用轮唱的演唱形式体验了个人的声音和集体的声音如何统一保证音乐作品的完美呈现,集体合作意识得到了增强。

4.合唱蕴含团结向上的动力

音乐教育家柯达伊说过:合唱是由集体的努力所完成的音乐作品,它给我们带来愉悦,培养了我们高尚的合作意识。没有"合"就无法实现"唱",合唱的过程中注重的是每一个成员之间的相互配合,最终实现合唱曲目完美的呈现。现在家庭教育导致了很多小学生在家都非常霸道,表现在社交方面尤其体现为不为他人着想,只顾表现自己。通过合唱这种艺术表现形式可有效地克服"利己主义",提升学生相互配合的能力。以正确的思维方式引导学生如何去参与这一集体活动,学会相互配合。

(1)音准谐和、音色统一

唱好音准、节奏的前提条件是每个学生要熟悉歌曲的高低声部。这就是"知己知彼，百战不殆"。练习时要善于倾听，注意听出自己和对方的音高、节奏是否准确，并相互纠正。要获得统一的音色，就得互相纠正对方的歌唱方法，用眼睛看对方的歌唱状态，有不正确的马上互相纠正。每个孩子的音色都要减少个性，寻求共性，使自己的声音和集体的声音一致，在默契合作中达到美的艺术效果。

（2）控制意识使音量均衡

声部的音量必须均衡，合唱才会和谐。每个声部要有平衡的音量就得用不同强弱的声音。而高声部往往容易强，低声部容易弱，如何控制高声部学生的强和低声部学生的弱，是音量均衡训练中值得注意的问题。当主旋律声部处于较弱的音区时，往往容易被其他声部掩盖，此时调整其他声部的音量，让主旋律声部清晰、明确。长此以往，学生互相控制调整自己的音量，"利己主义"思想、攀比心理逐渐得到修正，深层次的集体荣誉感被调动出来，就会更多地关注团队合作性。孩子们明白，只有自己对音量强弱控制自如，才能使整个合唱队声音该亮的响亮起来，该暗的暗下去。只有增进合作意识，才能享受到合唱的美。和谐优美的歌声是一种团结向上的动力，搅动了孩子们心灵，点燃了他们的合作意识。

三、分组表演，提高合作能力

学生在小组内合作表演，每个孩子必须明确合作意愿及方式，才能产生真正的内心动力，确保积极主动地相互配合。让孩子们明白要发挥个性、表现特长必须以保证完成小组的共同任务为目标，这样才能切实提高学生的合作能力。

江苏民歌《茉莉花》教学中，让学生讨论自己所了解的"江苏"，如山川地貌、风土人情、文化艺术等。观看《江苏风光》录像片，引导学生分别从美术、音乐、舞蹈、戏曲等方面探索、发现江苏的民间艺术。观看江苏歌舞剧院创作演出的《好一朵茉莉花》片段。学唱《茉莉花》。设置四个活动小组：音乐、舞蹈、剪纸、刺绣，给学生明确的合作要求，发挥学生的特长，充分保证每个孩子积极参与，每个孩子有事可做，小组成员自主选择分工明确，参与艺术活动，深入感受和体验民间艺术的魅力。学生用方言表演小品《外国友人游周庄》,小品综合了英语、化装、戏剧表演,表现了周庄人生动活泼的生活情趣,人文性、综合性、创造性、愉悦性充满了整个课堂。

将音乐、美术、戏剧、舞蹈与学生的生活、情感密切结合,强调音乐能力与人文素养的整合,面向全体学生,强调个性与共性。合作学习不仅提高了音乐的教学质量,也提高了学生对音乐的兴趣,拓展了学生思维的深度和广度,在潜移默化中培养了学生的合作意识,提高了合作能力,发扬了团结互助精神。

歌曲《火车开了》进入第二个环节:处理歌曲的力度变化。具体做法是:让学生听一遍完整的歌曲,再重点体会火车由远到近又由近到远的声音变化。学生很快就感受到了。生:"我认为声音应该由小到大,再由大到小的变化。"这可是完全正确的标准答案!师:"你很聪明,能不能想一种具体的方法把这种变化表现出来?"教师用呜呜声模拟火车从远方缓缓驶来又驶向远方的效果,声音开始小然后大,最后又变小,教师引导:"还能用其他的方式来表现这种声音的变化吗?注意要发挥集体合作的精神。"学生回答热烈:可以用跺脚的方式制造声音,也可击打课桌椅发出声音,还可用增减人数的方法获得力度的变化。学生们经过自己的思考找到了表现声音力度的有效方法,并且发挥主动性,调动成员的凝聚力把声音的由远及近、由近到远表现得淋漓尽致,合作的能力也得到了提高。

通过一段时间的实践,学生逐步增强了合作意识,以团结协作的思维方式去参与歌唱活动,懂得了同学之间相互配合才能更好地表现美。在此过程中,最关键的是有效地提升了学生的合作能力,而且音乐学习的兴趣大大增强。课堂上,学生聚精会神,表演前跃跃欲试,表演时神采飞扬,甚至不愿下课,绝大部分学生都表示音乐学习让他们体验到了集体声音真美,让人身心愉悦。学生用简洁的语言总结音乐学习的感受中,主要有这样几种代表性的观点:原来音乐这么美,学习的时间太短了,应该一次上两节课;唱歌时个人声音必须和整体声音统一,保证音乐的完美呈现;唱歌时要学会倾听,控制气息,音量,音高,不然团队的水平会下降。

顾拜旦认为,纯粹的竞技精神只能带给运动员心理上自得其乐的快乐感,奥林匹克精神带给人们的将是美感、荣誉感。这正是顾拜旦心中崇尚的精神,在《体育颂》中,他也曾热情地讴歌、赞美体育是美丽、艺术、正义、勇敢、荣誉、乐趣、活力、进步与和平的化身。流动的音乐滋润了从奥运文化内涵中所生发出的人文情怀、爱国思想、团队合作精神,这些精神将循序渐进地陶冶孩子们的情操,完善他们的人格,点亮孩子们快乐自信的童年,并引领他们走向求真、扬善、唯美的人生境界。

小学生居家学习 家校协同促成长

■ 于艳君

2020 年,疫情的突袭,让原本阳光明媚的春天少了几分生机,我们的生活也悄无声息地发生了变化。学校里没有了琅琅读书声,没有了同学们的欢声笑语……我们的学习模式转变为线上互动交流。这种居家学习的模式无论对学生还是对教师、家长都是一种挑战。

利用网络进行学习,减少了师生间的交流和互动,学生学习所获参差不齐。尤其是低年级学生,自控能力差,学习习惯没有养成,差距尤为明显。居家学习期间,家长除了面对工作的压力,更多的问题与摩擦出现在孩子身上。学生大部分时间都在家里学习,家长对学生的学习情况有了更直观的了解,或期望过高或缺少方法指导。面对种种问题,想教育又无从下手,无异于为家长增添了负担。疫情的来袭致使原本的教育教学受到影响,教师线上讲解没有办法及时得到学生的反馈,如何帮助学生巩固基础知识、拓展课外知识成了一道难题。

一、制订计划 积极指导

(一)与家长沟通交流

根据对学生家庭情况的了解,笔者主动联系了家长。大家都认同交流和陪伴能促进亲子关系,从而培养孩子养成良好的学习习惯。一部分家长由于工作时间紧,没有办法做到,孩子只能由老人照顾。一部分家长反映:"老师,我们上班工作忙,老人在家管不了孩子,学习效果不理想。""他在家整天只知道玩,学习习惯差。""老师,我们家孩子学得慢,有的内容掌握不了。"还有一部分家长想管孩子却无从下手。根据家长的反馈,一方面笔者会推荐相关的书籍,另一方面利用微信把自己的经验与家长们分享,帮助他们解决实际问题。

(二)制订教学计划

因为学生个体化的差异,利用网络平台进行学习,并不适用于每个孩子。为了帮助学生巩固所学,笔者根据本学期所学的内容进行了重难点的整理。经过和家长商量,上午我们以复习巩固空中课堂的知识为重点;下午,有时会安排综合实践活动,丰富学生的课余生活。每周一、周五,笔者利用腾讯会议进行重难点讲解。笔者每天针对空中课堂所讲解的知识点进行整理,发送到微信群中,帮助学生巩固记忆。

二、具体措施

(一)商定学习计划

为了引导学生调整作息时间,更合理地进行学习、生活,笔者先制作了一份学习生活计划表,之后通过微信群,把文件分享给大家。由于涉及线上指导,大家时间上也会有冲突。通过腾讯会议,笔者把这个软件的使用情况做了相应的介绍。这样一来,如果家长工作忙或者不方便时,学生自己也能进行相关操作。后续,吴妈妈把大家集中反映的情况和主要问题整理出来发给笔者。针对大家的反馈和建议,笔者再修改。最后,我们共同制订了一份新的计划。另外,每周笔者会根据空中课堂、学校安排、自己的班级特色进行相应的修改。

(二)正向引导家长参与学校教育

现有形式的学习,提供了更多的机会与家长们进行交流。我们可以抓住契机,正向引导家长参与学校教育。

1. 鼓励即动力

我们班的小李接受新事物较慢,通过微信,笔者和李妈妈进行了一对一的交流。有的时候指导学生学习完毕笔者还会跟李妈妈聊聊天。比如:"咱们孩子这段时间认真努力,字迹工整很多。""咱们孩子很有生活经验,人民币这一章节的内容根本难不倒他。"孩子听着高兴有动力,家长听着也会为孩子的成长感到高兴,投入更多的关注。

有的时候,笔者也会针对学习方法,跟家长聊一聊。李妈妈很积极,也愿意去做尝试,这样的肯定更让笔者动力十足。笔者会把做好的课件发给李妈妈,空余时间,希望她可以再带孩子复习一遍。李妈妈很认真,每次笔者发到群中的内容,给孩子讲解的重难点题目,甚至是录的一小段指导视频,她都会收集起来。在复习阶段,她主动把资源提供给大家,赢得了大家的掌声。

2. 立身为范

小张是个活泼开朗的孩子,但是体育成绩不理想。疫情防控期间居家学习,活动量减少,对身体素质提出了更大的挑战。和体育教师沟通后,针对孩子的情况,笔者和张妈妈进行了一次通话。家长对孩子的转变抱有期待,问题是有的时候监督不到位,一松懈,就前功尽弃了。受疫情影响,张妈妈暂时没有工作,可以全心全意在家陪孩子。经过商讨,除了言语上的鼓励,笔者觉得家长得起到模范作用,跟着孩子一起练习。就这样,每周一、三、五的早上七点半,成为我们微信视频锻炼的时间。一段时间后,小张跳绳一分钟已经能跳100多个了。我们见证着孩子一天天的进步。在笔者的建议下,有时张妈妈会把体育锻炼的视频分享到班级群中,激励更多有条件的家庭参与这项活动。

(三)巧用多媒体平台

"鸟欲高飞先振翅,人求上进先读书。"单单着眼于眼前是不行的,这个班级的学生课外阅读比较少,借此机会,正是我们弥补自己不足的时候。既然有这个想法就努力着手实施,笔者的想法也得到了家长们的大力支持。

1. 阅读绘本　激发兴趣

笔者从学生们喜欢看的绘本入手,激发阅读兴趣。第一次在腾讯会议上尝试和学生们分享的绘本是《世界上最棒的礼物》,书中有很多有趣的动物形象。里边的色彩大多都采用了暖色调,这在无形中吸引了学生的注意力。在我们讲完故事之后,还会有一个小彩蛋。因为每一页都会有一到十的数字藏在其中,学生们在看完故事后还沉浸其中想要完成这种有趣的"数字游戏"。

针对本班学生的特点,笔者选择了《放风筝》这本书。该绘本封面是一个胖胖的中国娃娃,举着一条非常可爱的大鲤鱼。从封面上来看,就融入了很多的传统元素。学生们在阅读的过程中发现内容非常贴近我们的生活,更容易产生共鸣。

2. 互动实践　体验快乐

偶尔,笔者会针对书的内容和学生进行互动。有一次笔者分享的一本书是《好神奇的小石头》,课堂上需要展示互动。笔者提前把腾讯会议如何分享的详细操作步骤发到群中,供家长参考。由于我们班有几个家庭是由老人带孩子,软件的操作对他们来说有些困难。陈妈妈、薛爸爸主动请缨帮助了他们。在课堂上的讨论交流中,学生们积极热情地把自己的创作一一展示,整个过程充满了欢声笑语……笔者把这堂课进行了录屏,分享到微信群。笔者想把孩子这种实际的收获与欢乐同时分享给家长们。另外,笔者也为课堂的顺利进行向家长们表示衷心的感谢。

3. 寓教于学　收获幸福

"学要有所获,学要有所用。"前段时间,正值父亲节。笔者向学生们分享了《我爸爸》这本书。这本书内容有趣,画风大胆,我们一同欣赏时,学生们不时被里边的内容逗得捧腹大笑。在交流的过程中,笔者鼓励他们认真想想,整本书中,爸爸都穿了什么样的衣服?这套衣服对作者来说有什么特殊的意义?去想一想,爸爸真的是无所不能吗?"哦,爸爸一直穿的是睡衣,其实,他一直在我身边陪着我。爸爸的歌是唱给我听的,爸爸的舞也是跳给我看的,爸爸的搞笑是为了让我开心,他的快乐是为着我的快乐……我爱爸爸,爸爸也爱我。"整篇内容有很多"我爸爸像……一样……"的句式表达。笔者鼓励学生们想一想,对自己的爸爸说一说。有的学生说:"我爸爸像巨人一样,当我玩累了,总喜欢把我放在他肩上。"还有的学生说:"我爸爸像大树一样,我喜欢围着他跑。"……最后,结合学校的活动,笔者留了一个任务,认真观察爸爸的特点,画一画自己的爸爸,并写一写感谢他的话。

三、效果

(一)学生体会成长的快乐

就这样,在家长的支持下,学生们的注意力慢慢地提高了,课堂学习效率也提高了,甚至原来一些不爱发言的学生积极了许多。利用腾讯会议进行的阅读让他们意犹未尽。趁热打铁,笔者向他们推荐了一款名叫出口成章的应用,上面除了有教材上的课文还有许多经典篇目;一起作业的平台上有很多不错的经典阅读绘本,笔者也会进行分享。笔者把自己下载的300个小故事分享到班级群中,鼓励学生睡前听一听。学生们的资料库更丰富了。

(二)家校沟通共进步

家校协同教育必须让父母积极主动参与孩子的成长过程,让家庭和学校并肩扶携孩子成长进步。

课上,笔者把学生们在"出口成章"App上的朗读文件进行分享,并鼓励他们把故事讲给自己的爸爸妈妈听。课下笔者和家长沟通,在单独建立的微信朗读群里发送孩子的录音。每周根据学生的朗读,进行学生自评、家长评价、教师评价,最终评选本周的"故事大王"。有的家长甚至申请了喜马拉雅账号,把孩子的录音进行展示,教师、家长、学生们纷纷点赞,这无疑进一步激发了学生们的朗读热情。学生们热情高涨,教师和家长们也感到高兴。

家庭与学校在这种新型学习的背景下,都能在协同中获得自我改进的契机,并使这种改进在立德树人的过程中产生积极作用。

麻省理工学院院长哥顿·布朗说过:"当一名教师,首先要做个预言家,你的教育不是为了今天,而是要为学生们想象不到的未来做准备。"我们要更新自己的教育观念,不断提升自己的专业素养,去了解学生,了解家长,从而真正地引导他人,实现自己的价值。